Impressum
Verlag: BABADADA GmbH, Nedderfeld 112 , 22529 Hamburg
Geschäftsführer / Verlagsleitung: Harald Hof
Druck: Books on Demand GmbH, In de Tarpen 42, 22848 Norderstedt

Imprint
Publisher: BABADADA GmbH, Nedderfeld 112 , 22529 Hamburg, Germany
Managing Director / Publishing direction: Harald Hof
Print: Books on Demand GmbH, In de Tarpen 42, 22848 Norderstedt

σχολείο

Schule

σχολική τάξη
Klassenzimmer

διαιρώ
dividieren

186/2

πίνακας
Tafel

σχολική αυλή
Schulhof

δάσκαλος
Lehrer

χαρτί
Papier

γράφω
schreiben

στυλό
Stift

γραφείο
Schreibtisch

χάρακας
Lineal

βιβλίο
Buch

μαθητής
Schüler

σχολική τσάντα Ranzen	κασετίνα/ μολυβοθήκη Federmappe	μολύβι Bleistift

ξύστρα Bleistiftanspitzer	γόμα Radiergummi	μπλοκ ζωγραφικής Zeichenblock

ζωγραφική

Zeichnung

πινέλο

Pinsel

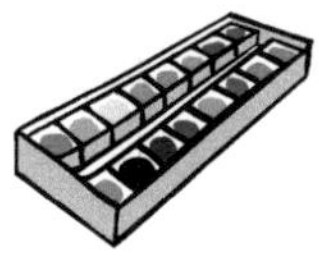

κουτί χρωμάτων

Malkasten

ψαλίδι

Schere

κόλλα

Klebstoff

τετράδιο ασκήσεων

Übungsheft

εργασία για το σπίτι

Hausaufgabe

αριθμός

Zahl

2+2

προσθέτω

addieren

αφαιρώ

subtrahieren

πολλαπλασιάζω

multiplizieren

υπολογίζω

rechnen

γράμμα

Buchstabe

αλφάβητο

Alphabet

λέξη

Wort

κείμενο

Text

διαβάζω

lesen

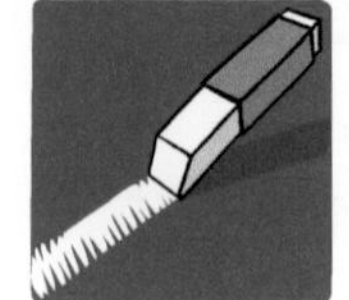

κιμωλία

Kreide

μάθημα

Stunde

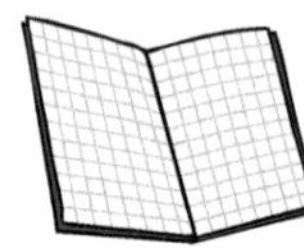

εγγράφομαι

Klassenbuch

τεστ

Prüfung

πιστοποιητικό

Zeugnis

μαθητική στολή

Schuluniform

εκπαίδευση

Ausbildung

εγκυκλοπαίδεια

Lexikon

πανεπιστήμιο

Universität

μικροσκόπιο

Mikroskop

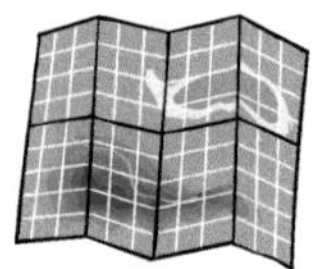

χάρτης

Karte

καλάθι αχρήστων

Papierkorb

ταξίδι
Reise

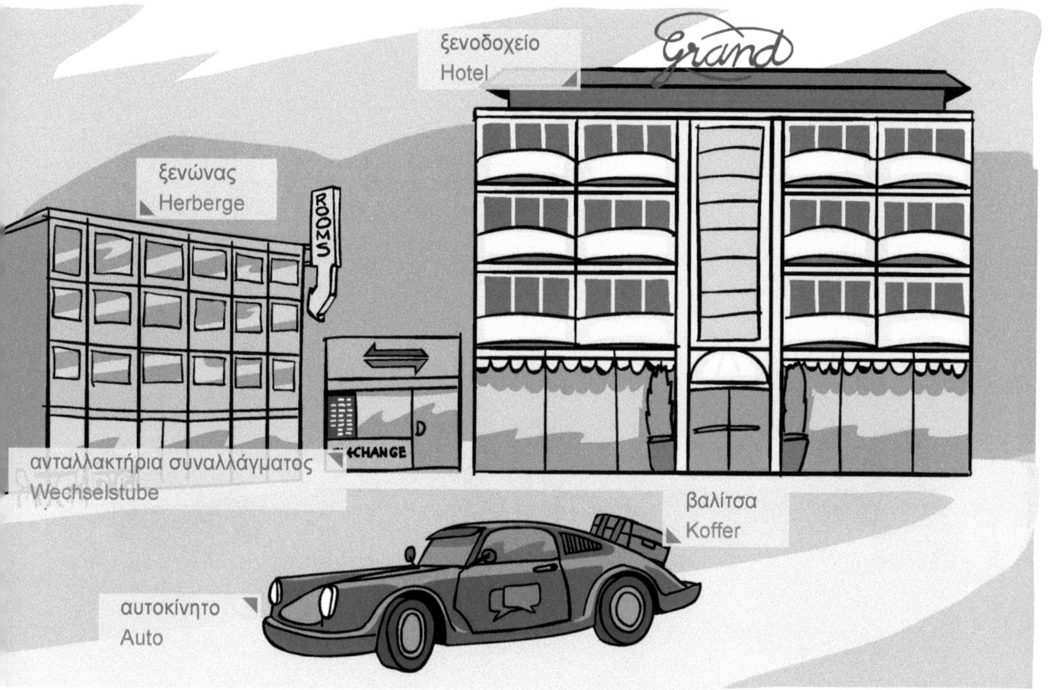

ξενοδοχείο
Hotel
Grand
ξενώνας
Herberge
ROOMS
ανταλλακτήρια συναλλάγματος
Wechselstube
EXCHANGE
βαλίτσα
Koffer
αυτοκίνητο
Auto

γλώσσα

Sprache

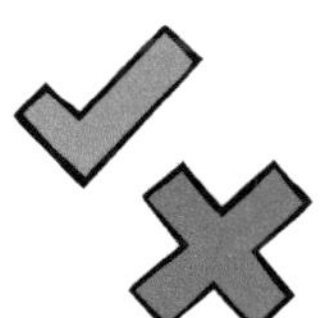

ναι / όχι

ja / nein

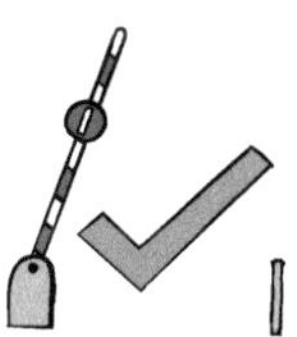

εντάξει

Okay

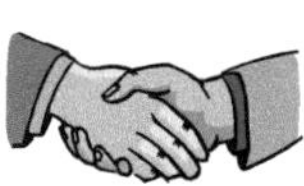

γεια σου

Hallo

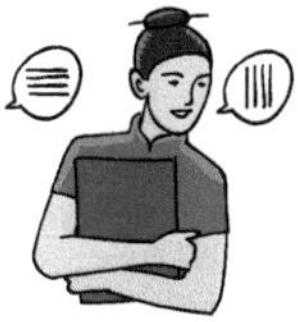

μεταφραστής

Übersetzer

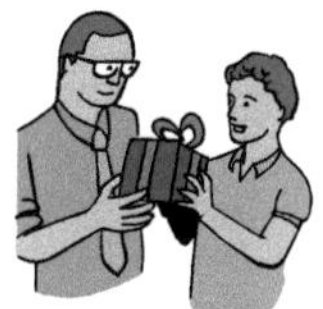

Ευχαριστώ

Danke

πόσο κάνει ;

....

Was kostet...?

Δε καταλαβαίνω

....

Ich verstehe nicht

πρόβλημα

....

Problem

Καλησπέρα!

....

Guten Abend!

Καλημέρα!

....

Guten Morgen!

Καληνύχτα!

....

Gute Nacht!

Αντίο

....

Auf Wiedersehen

κατεύθυνση

....

Richtung

αποσκευές

....

Gepäck

τσάντα

....

Tasche

σακίδιο πλάτης

....

Rucksack

καλεσμένος

....

Gast

δωμάτιο

....

Zimmer

υπνόσακος

....

Schlafsack

σκηνή

....

Zelt

τουριστικές πληροφορίες

Touristeninformation

παραλία

Strand

πιστωτική κάρτα

Kreditkarte

πρωινό

Frühstück

μεσημεριανό

Mittagessen

δείπνο

Abendessen

εισιτήριο

Fahrkarte

ανελκυστήρας

Fahrstuhl

γραμματόσημο

Briefmarke

σύνορα

Grenze

τελωνείο

Zoll

πρεσβεία

Botschaft

βίζα

Visum

διαβατήριο

Pass

μεταφορά
Transport

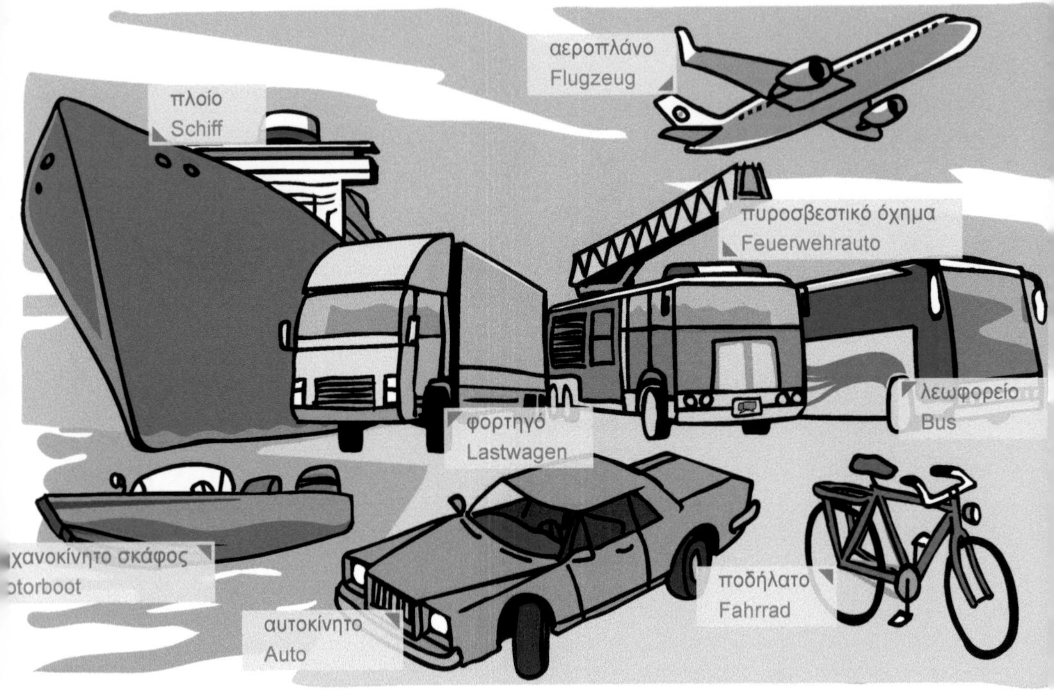

αεροπλάνο
Flugzeug

πλοίο
Schiff

πυροσβεστικό όχημα
Feuerwehrauto

λεωφορείο
Bus

φορτηγό
Lastwagen

χανοκίνητο σκάφος
otorboot

ποδήλατο
Fahrrad

αυτοκίνητο
Auto

φεριμπότ

Fähre

βάρκα

Boot

μοτοσικλέτα

Motorrad

περιπολικό

Polizeiauto

αγωνιστικό αυτοκίνητο

Rennauto

ενοικιαζόμενο αυτοκίνητο

Mietwagen

διαμοιρασμός αυτοκινήτων

Carsharing

γερανός

Abschleppwagen

απορριμματοφόρο

Müllauto

κινητήρας

Motor

καύσιμο

Kraftstoff

βενζινάδικο

Tankstelle

πινακίδα σήμανσης

Verkehrsschild

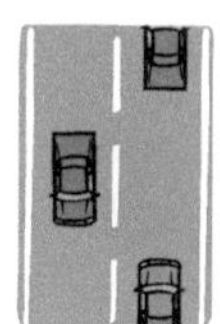

κυκλοφορία

Verkehr

κυκλοφοριακή συμφόρηση

Stau

χώρος στάθμευσης

Parkplatz

σιδηροδρομικός σταθμός

Bahnhof

σιδηροδρομικές γραμμές

Schienen

τρένο

Zug

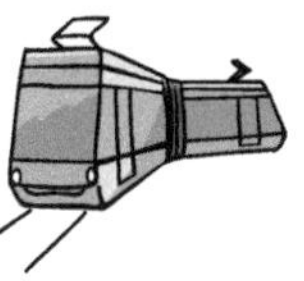

τραμ

Straßenbahn

βαγόνι

Wagon

ελικόπτερο

Helikopter

αεροδρόμιο

Flughafen

πύργος

Tower

επιβάτης

Passagier

εμπορευματοκιβώτιο

Container

χαρτοκιβώτιο

Karton

καρότσι

Karren

καλάθι

Korb

απογειώνομαι / προσγειόνομαι

starten / landen

πόλη

Stadt

χωριό

Dorf

κέντρο της πόλης

Stadtzentrum

σπίτι

Haus

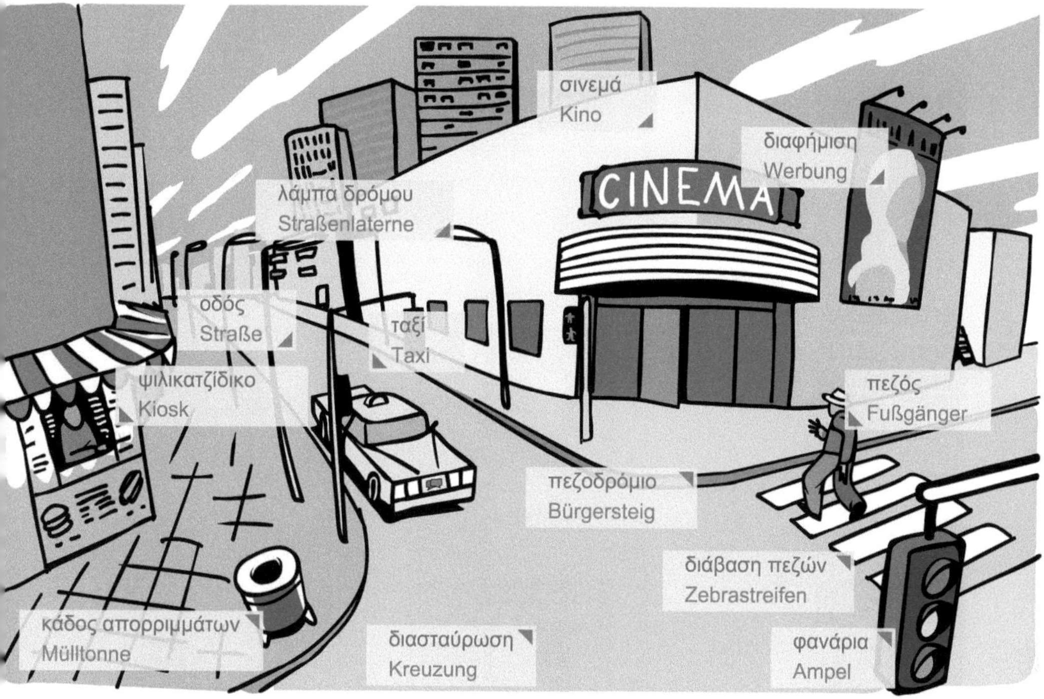

σινεμά
Kino
διαφήμιση
Werbung
λάμπα δρόμου
Straßenlaterne
οδός
Straße
ταξί
Taxi
ψιλικατζίδικο
Kiosk
πεζός
Fußgänger
πεζοδρόμιο
Bürgersteig
διάβαση πεζών
Zebrastreifen
κάδος απορριμμάτων
Mülltonne
διασταύρωση
Kreuzung
φανάρια
Ampel
CINEMA

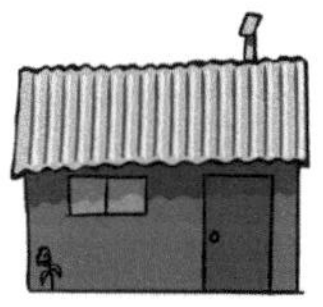

καλύβα

Hütte

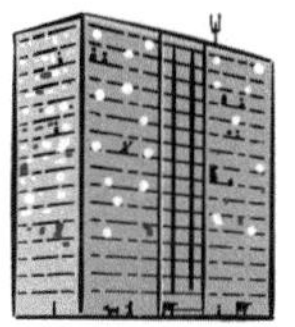

διαμέρισμα

Wohnung

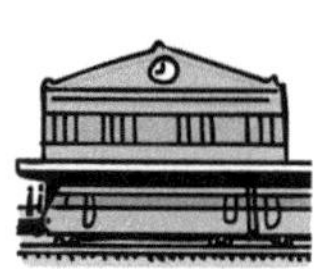

σιδηροδρομικός σταθμός

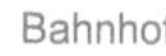

Bahnhof

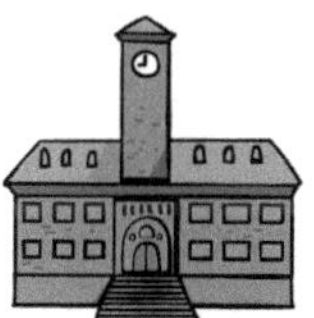

δημαρχείο

Rathaus

MUSEUM

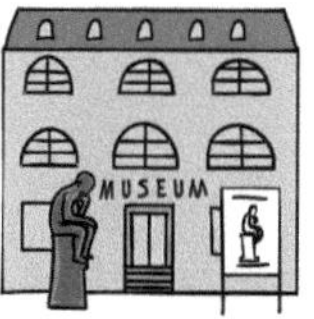

μουσείο

Museum

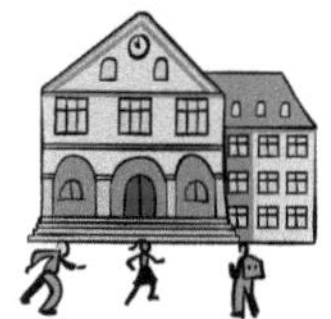

σχολείο

Schule

πανεπιστήμιο

Universität

τράπεζα

Bank

νοσοκομείο

Krankenhaus

ξενοδοχείο

Hotel

φαρμακείο

Apotheke

γραφείο

Büro

βιβλιοπωλείο

Buchhandlung

κατάστημα

Geschäft

ανθοπωλείο

Blumenladen

σούπερ μάρκετ

Supermarkt

αγορά

Markt

πολυκατάστημα

Kaufhaus

ιχθυοπωλείο

Fischhändler

εμπορικό κέντρο

Einkaufszentrum

λιμάνι

Hafen

πάρκο

Park

παγκάκι

Bank

γέφυρα

Brücke

σκάλες

Treppe

μετρό

U-Bahn

τούνελ

Tunnel

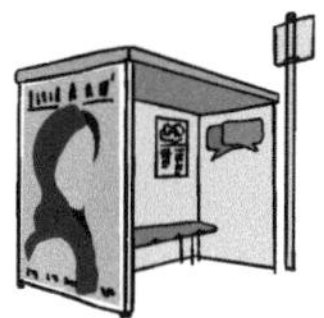

στάση λεωφορείου

Bushaltestelle

μπαρ

Bar

εστιατόριο

Restaurant

γραμματοκιβώτιο

Briefkasten

πινακίδα δρόμου

Straßenschild

παρκόμετρο

Parkuhr

ζωολογικός κήπος

Zoo

πισίνα

Badeanstalt

τζαμί

Moschee

αγρόκτημα

Bauernhof

ρύπανση

Umweltverschmutzung

νεκροταφείο

Friedhof

εκκλησία

Kirche

παιδική χαρά

Spielplatz

ναός

Tempel

τοπίο

Landschaft

φύλλο
Blatt

πινακίδα κατεύθυνσης
Wegweiser

δρόμος
Weg

λιβάδι
Wiese

πέτρα
Stein

δέντρο
Baum

πεζοπόρος
Wanderer

ποτάμι
Fluss

χορτάρι
Gras

λουλούδι
Blume

κοιλάδα

Tal

λόφος

Berg

λίμνη

See

δάσος

Wald

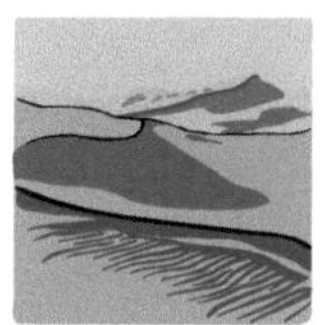
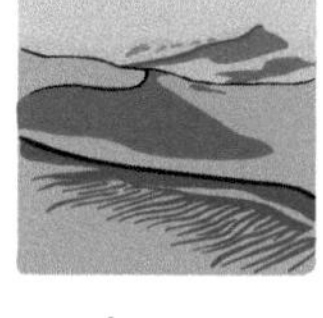

έρημος

Wüste

ηφαίστειο

Vulkan

κάστρο

Schloss

ουράνιο τόξο

Regenbogen

μανιτάρι

Pilz

φοίνικας

Palme

κουνούπι

Moskito

μύγα

Fliege

μυρμήγκι

Ameise

μέλισσα

Biene

αράχνη

Spinne

σκαθάρι

Käfer

βάτραχος

Frosch

σκίουρος

Eichhörnchen

σκαντζόχοιρος

Igel

λαγός

Hase

κουκουβάγια

Eule

πουλί

Vogel

κύκνος

Schwan

αγριογούρουνο

Wildschwein

ελάφι

Hirsch

άλκη

Elch

φράγμα

Staudamm

ανεμογεννήτρια

Windrad

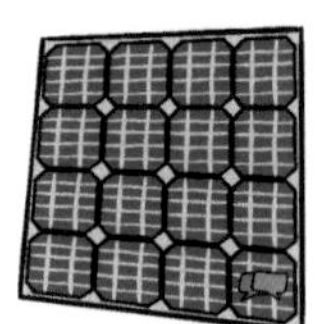

ηλιακός συλλέκτης

Solarmodul

κλίμα

Klima

εστιατόριο
Restaurant

σερβιτόρος
Kellner

κατάλογος
Speisekarte

καρέκλα
Stuhl

σούπα
Suppe

πίτσα
Pizza

τραπεζομάντιλο
Tischdecke

μαχαιροπίρουνα
Besteck

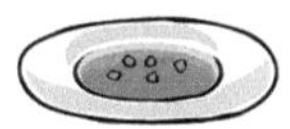

ορεκτικό

Vorspeise

κύριο πιάτο

Hauptgericht

επιδόρπιο

Nachspeise

ποτά

Getränke

φαγητό

Essen

μπουκάλι

Flasche

φαστ φουντ
....
Fastfood

φαγητό στ' όρθιο
....
Streetfood

τσαγιέρα
....
Teekanne

δοχείο ζάχαρης
....
Zuckerdose

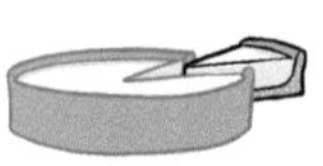

μερίδα
....
Portion

μηχανή εσπρέσο
....
Espressomaschine

ψηλή καρέκλα
....
Hochstuhl

λογαριασμός
....
Rechnung

δίσκος
....
Tablett

μαχαίρι
....
Messer

πιρούνι
....
Gabel

κουτάλι
....
Löffel

κουταλάκι του τσαγιού
....
Teelöffel

πετσέτα φαγητού
....
Serviette

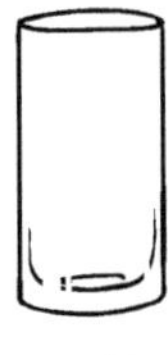

ποτήρι
....
Glas

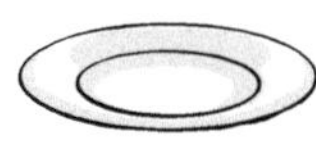

πιάτO
....
Teller

πιάτο σούπας
....
Suppenteller

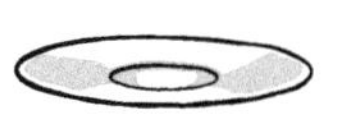

πιατάκι φλιτζανιού
....
Untertasse

σάλτσα
....
Sauce

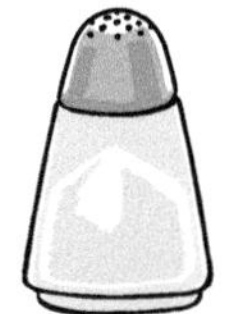

αλατιέρα
....
Salzstreuer

μύλος για πιπέρι
....
Pfeffermühle

ξύδι
....
Essig

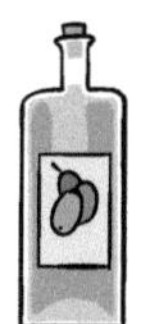

λάδι
....
Öl

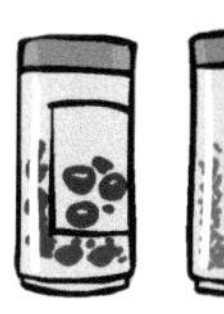

μπαχαρικά
....
Gewürze

κέτσαπ
....
Ketchup

μουστάρδα
....
Senf

μαγιονέζα
....
Mayonnaise

σούπερ μάρκετ
Supermarkt

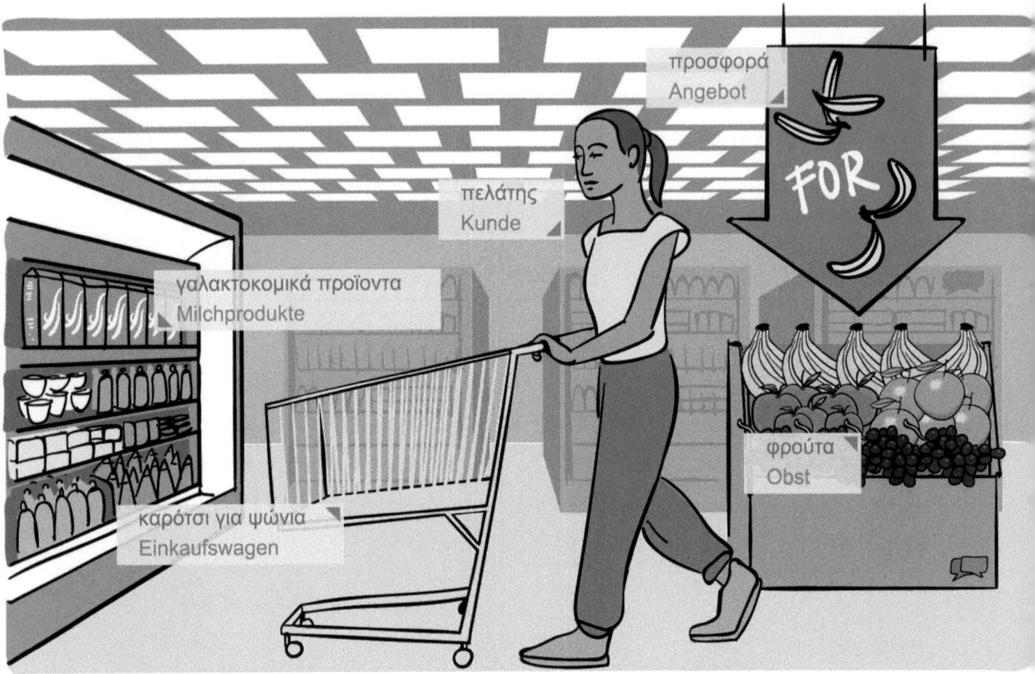

προσφορά
Angebot
FOR
πελάτης
Kunde
γαλακτοκομικά προϊόντα
Milchprodukte
φρούτα
Obst
καρότσι για ψώνια
Einkaufswagen

BUTCHERS

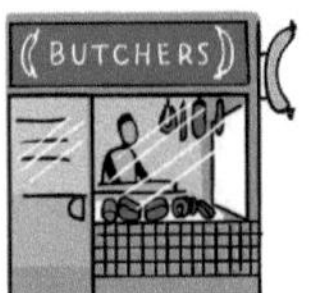

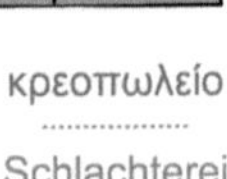

κρεοπωλείο

Schlachterei

BAKERY

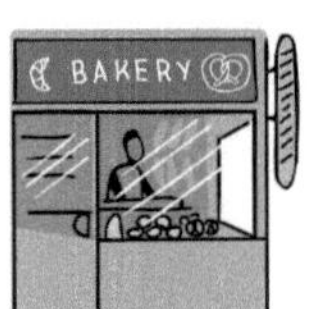

φούρνος

Bäckerei

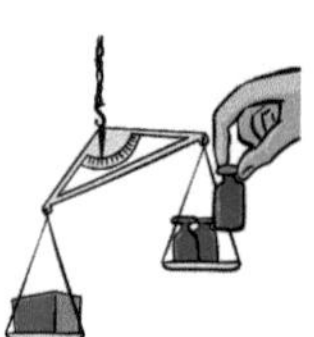

ζυγίζω

wiegen

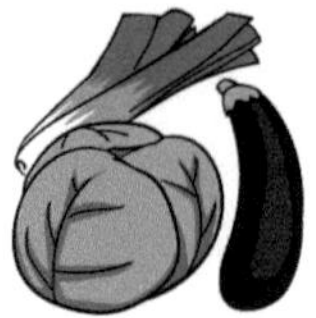

λαχανικά

Gemüse

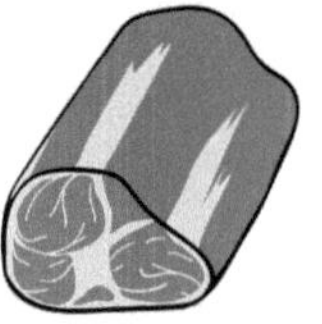

κρέας

Fleisch

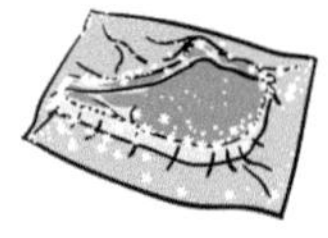

κατεψυγμένα τρόφιμα

Tiefkühlkost

αλλαντικά

Aufschnitt

κονσερβοποιημένη τροφή

Konserven

απορρυπαντικό ρούχων

Waschmittel

γλυκά

Süßigkeiten

οικιακά είδη

Haushaltsartikel

καθαριστικά προϊόντα

Reinigungsmittel

πωλήτρια

Verkäuferin

ταμείο

Kasse

ταμίας

Kassierer

λίστα για ψώνια

Einkaufsliste

ωράριο λειτουργίας

Öffnungszeiten

πορτοφόλι

Brieftasche

πιστωτική κάρτα

Kreditkarte

τσάντα

Tasche

πλαστική σακούλα

Plastiktüte

ποτά

Getränke

νερό

Wasser

χυμός

Saft

γάλα

Milch

κόκα κόλα

Cola

κρασί

Wein

μπίρα

Bier

αλκοόλ

Alkohol

κακάο

Kakao

τσάι

Tee

καφές

Kaffee

εσπρέσο

Espresso

καπουτσίνο

Cappuccino

φαγητό
Essen

μπανάνα

Banane

μήλο

Apfel

πορτοκάλι

Orange

πεπόνι

Melone

λεμόνι

Zitrone

καρότο

Karotte

σκόρδο

Knoblauch

μπαμπού

Bambus

κρεμμύδι

Zwiebel

μανιτάρι

Pilz

ξηροί καρποί

Nüsse

νουντλς

Nudeln

μακαρόνια
Spaghetti

ρύζι
Reis

σαλάτα
Salat

πατατάκια
Pommes frites

τηγανητές πατάτες
Bratkartoffeln

πίτσα
Pizza

χάμπουργκερ
Hamburger

σάντουιτς
Sandwich

κοτολέτα
Schnitzel

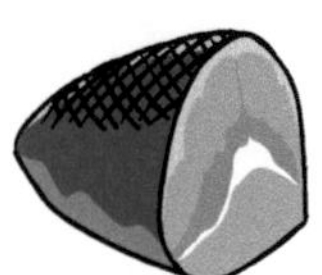

ζαμπόν
Schinken

σαλάμι
Salami

λουκάνικο
Wurst

κοτόπουλο
Huhn

ψητό
Braten

ψάρι
Fisch

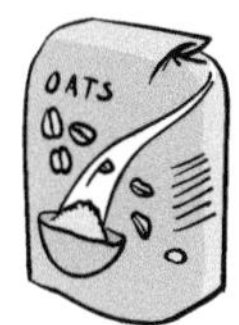

χυλός βρώμης

Haferflocken

μούσλι

Müsli

κορν φλέικς

Cornflakes

αλεύρι

Mehl

κρουασάν

Croissant

ψωμάκι

Brötchen

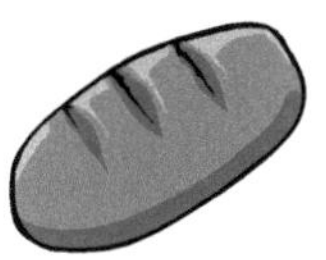

ψωμί

Brot

τοστ

Toast

μπισκότα

Kekse

βούτυρο

Butter

τυρόπηγμα

Quark

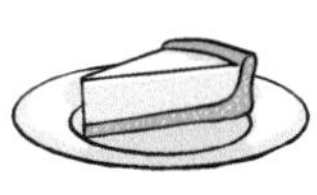

κέικ

Kuchen

αυγό

Ei

τηγανητό αυγό

Spiegelei

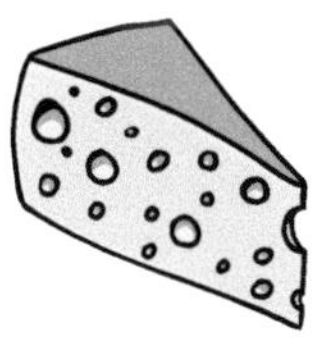

τυρί

Käse

παγωτό

Eiscreme

ζάχαρη

Zucker

μέλι

Honig

μαρμελάδα

Marmelade

άλλειμμα σοκολάτας

Nougat-Creme

κάρυ

Curry

αγρόκτημα
Bauernhof

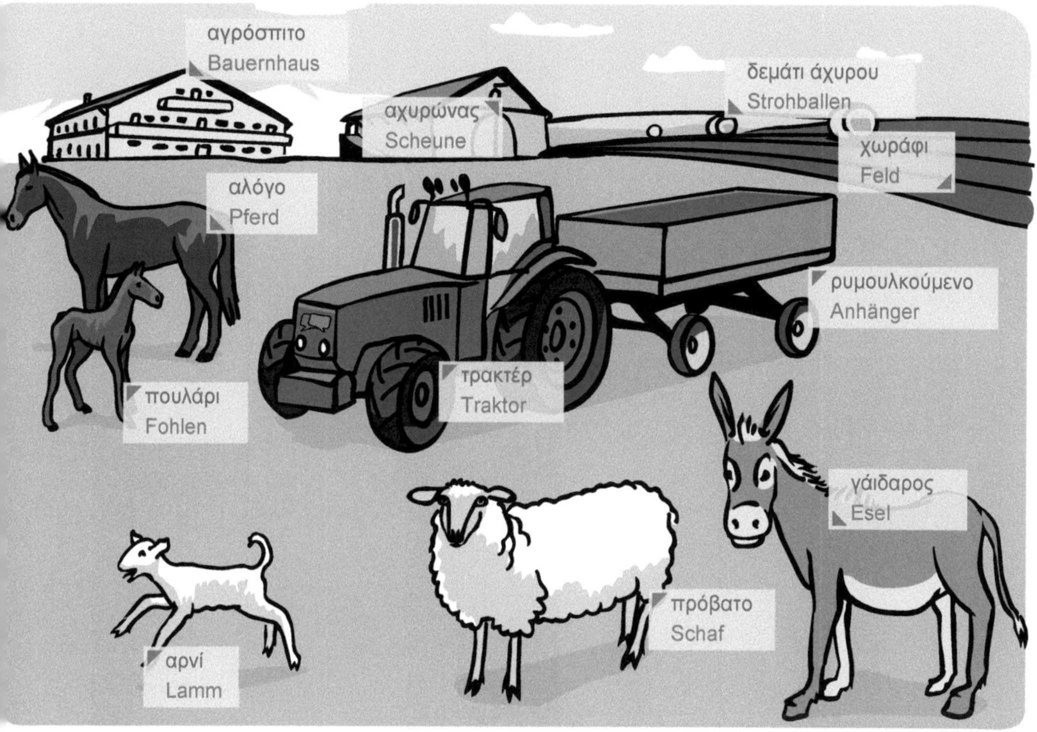

αγρόσπιτο
Bauernhaus

αχυρώνας
Scheune

δεμάτι άχυρου
Strohballen

χωράφι
Feld

αλόγο
Pferd

ρυμουλκούμενο
Anhänger

πουλάρι
Fohlen

τρακτέρ
Traktor

γάιδαρος
Esel

πρόβατο
Schaf

αρνί
Lamm

κατσίκα

Ziege

αγελάδα

Kuh

μοσχαράκι

Kalb

γουρούνι

Schwein

γουρουνάκι

Ferkel

ταύρος

Bulle

χήνα

Gans

πάπια

Ente

κοτοπουλάκι

Küken

κότα

Huhn

κόκορας

Hahn

αρουραίος

Ratte

γάτα

Katze

ποντίκι

Maus

βόδι

Ochse

σκύλος

Hund

σπιτάκι σκύλου

Hundehütte

λάστιχο κήπου

Gartenschlauch

ποτιστήρι

Gießkanne

θεριστήρι

Sense

αλέτρι

Pflug

δρεπάνι

Sichel

τσάπα

Hacke

δίκρανο

Mistgabel

τσεκούρι

Axt

χειράμαξα

Schubkarre

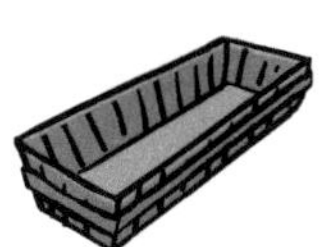

ταΐστρα

Trog

δοχείο γάλακτος

Milchkanne

σάκος

Sack

φράχτης

Zaun

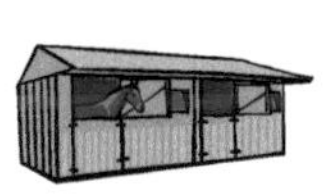

στάβλος

Stall

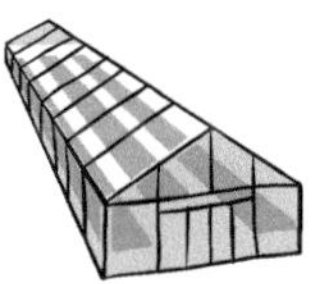

θερμοκήπιο

Treibhaus

έδαφος

Boden

σπόρος

Saat

λίπασμα

Dünger

θεριζοαλωνιστική μηχανή

Mähdrescher

θερίζω

ernten

συγκομιδή

Ernte

γιαμς

Yamswurzel

σιτάρι

Weizen

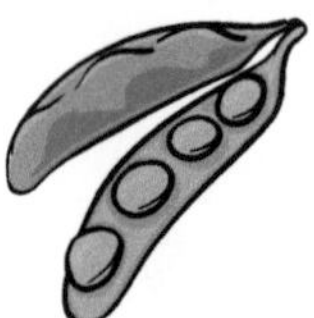

σόγια

Soja

πατάτα

Kartoffel

καλαμπόκι

Mais

κράμβη

Raps

οπωροφόρο δέντρο

Obstbaum

μανιόκα

Maniok

δημητριακά

Getreide

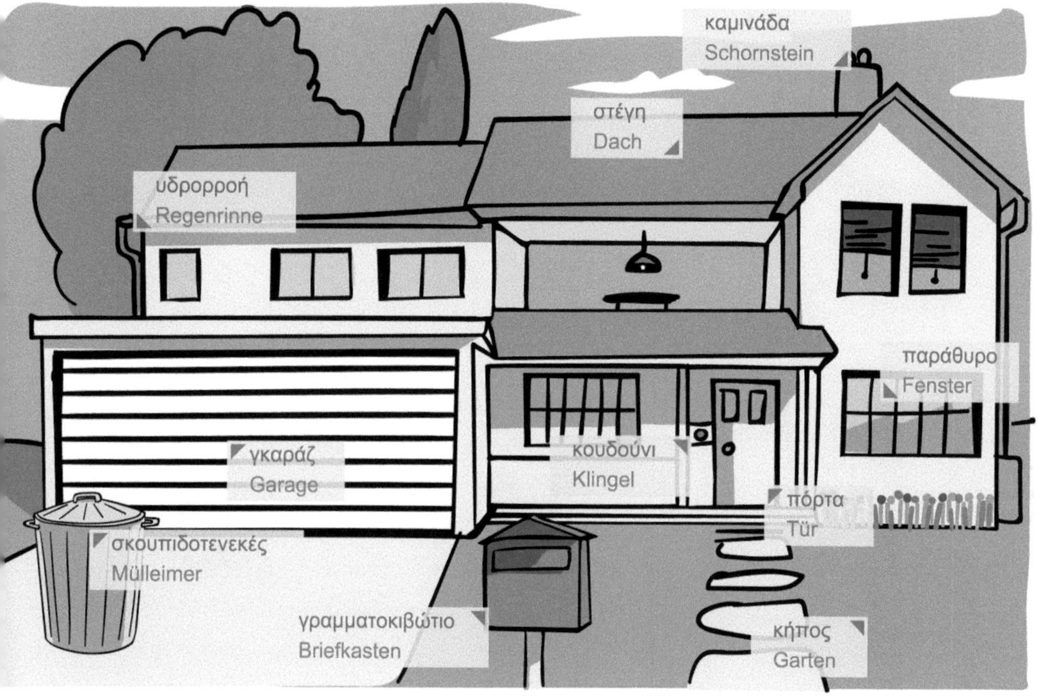

σπίτι
Haus

καμινάδα
Schornstein

στέγη
Dach

υδρορροή
Regenrinne

παράθυρο
Fenster

γκαράζ
Garage

κουδούνι
Klingel

πόρτα
Tür

σκουπιδοτενεκές
Mülleimer

γραμματοκιβώτιο
Briefkasten

κήπος
Garten

σαλόνι

Wohnzimmer

μπάνιο

Badezimmer

κουζίνα

Küche

υπνοδωμάτιο

Schlafzimmer

παιδικό δωμάτιο

Kinderzimmer

τραπεζαρία

Esszimmer

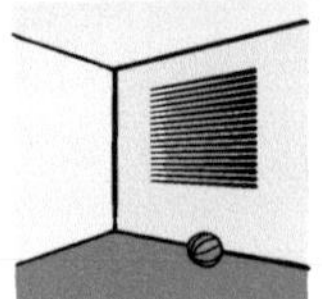

πάτωμα

Boden

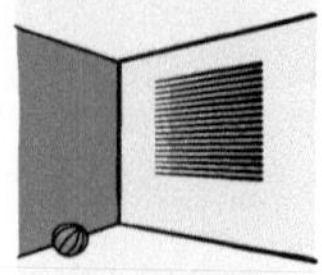

τοίχος

Wand

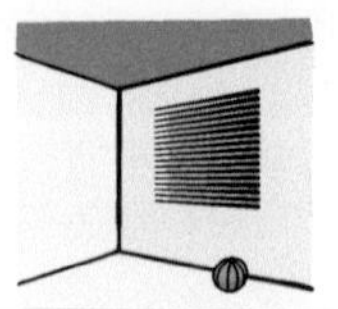

οροφή

Decke

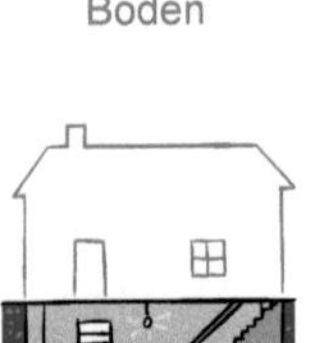

κελάρι

Keller

σάουνα

Sauna

μπαλκόνι

Balkon

βεράντα

Terrasse

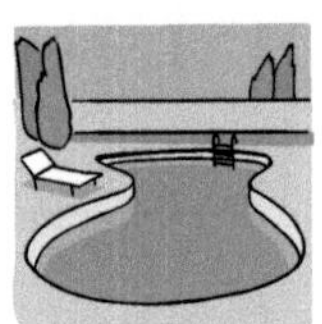

πισίνα

Schwimmbad

μηχανή του γκαζόν

Rasenmäher

σεντόνι

Bettbezug

κάλυμμα κρεβατιού

Bettdecke

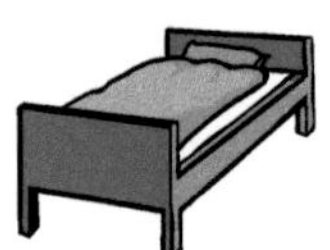

κρεβάτι

Bett

σκούπα

Besen

κουβάς

Eimer

διακόπτης

Schalter

σαλόνι
Wohnzimmer

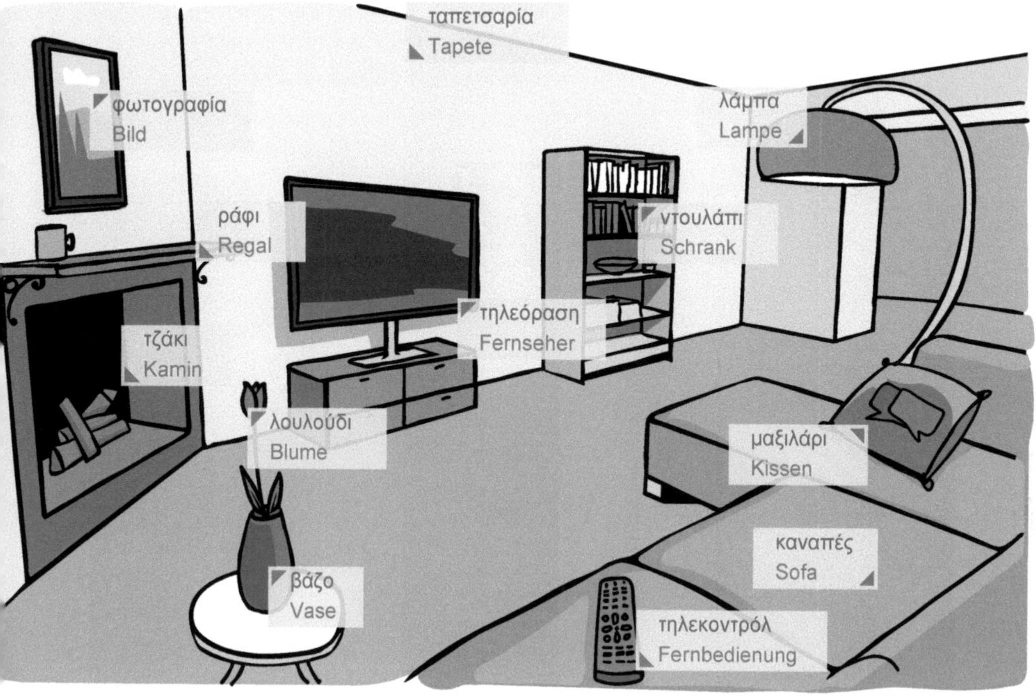

ταπετσαρία
Tapete

φωτογραφία
Bild

λάμπα
Lampe

ράφι
Regal

ντουλάπι
Schrank

τηλεόραση
Fernseher

τζάκι
Kamin

λουλούδι
Blume

μαξιλάρι
Kissen

καναπές
Sofa

βάζο
Vase

τηλεκοντρόλ
Fernbedienung

χαλί

Teppich

κουρτίνα

Vorhang

τραπέζι

Tisch

καρέκλα

Stuhl

κουνιστή πολυθρόνα

Schaukelstuhl

πολυθρόνα

Sessel

βιβλίο

Buch

κουβέρτα

Decke

διακόσμηση

Dekoration

καυσόξυλα

Feuerholz

ταινία

Film

στερεοφωνικό σύστημα

Stereoanlage

κλειδί

Schlüssel

εφημερίδα

Zeitung

πίνακας ζωγραφικής

Gemälde

αφίσα

Poster

ραδιόφωνο

Radio

σημειωματάριο

Notizblock

ηλεκτρική σκούπα

Staubsauger

κάκτος

Kaktus

κερί

Kerze

κουζίνα
Küche

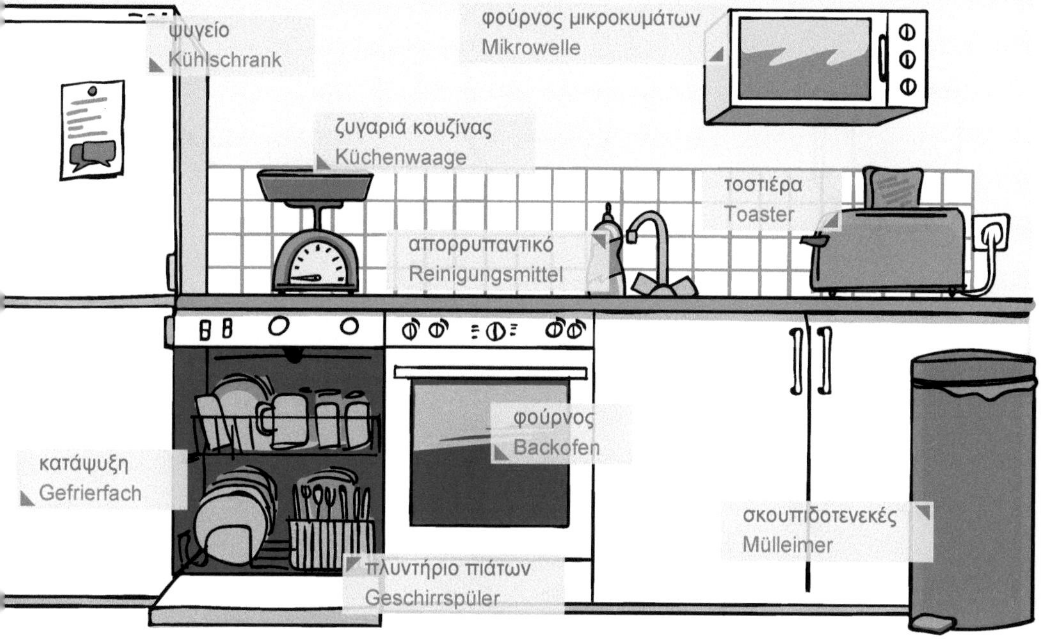

ψυγείο
Kühlschrank

φούρνος μικροκυμάτων
Mikrowelle

ζυγαριά κουζίνας
Küchenwaage

τοστιέρα
Toaster

απορρυπαντικό
Reinigungsmittel

φούρνος
Backofen

κατάψυξη
Gefrierfach

σκουπιδοτενεκές
Mülleimer

πλυντήριο πιάτων
Geschirrspüler

κουζίνα
Herd

κατσαρόλα
Topf

μαντεμένια κατσαρόλα
Eisentopf

γουόκ/καντάι
Wok / Kadai

τηγάνι
Pfanne

βραστήρας
Wasserkocher

ατμομάγειρας

Dampfgarer

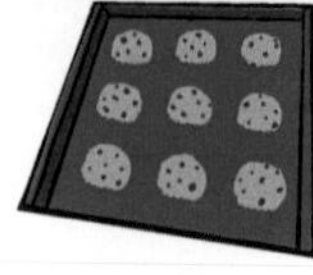

ταψί

Backblech

πιατικά

Geschirr

κούπα

Becher

μπολ

Schale

ξυλάκια

Essstäbchen

κουτάλα

Suppenkelle

σπάτουλα

Pfannenwender

ανακατεύω

Schneebesen

σουρωτήρι

Kochsieb

σουρωτηράκι

Sieb

τρίφτης

Reibe

γουδί

Mörser

ψησταριά

Grill

ανοιχτή φωτιά

Feuerstelle

σανίδα κοπής

Schneidebrett

πλάστης

Nudelholz

ανοιχτήρι φελλών

Korkenzieher

κονσέρβα

Dose

ανοιχτήρι κονσέρβας

Dosenöffner

γάντι φούρνου

Topflappen

νεροχύτης

Waschbecken

βούρτσα

Bürste

σφουγγάρι

Schwamm

μπλέντερ

Mixer

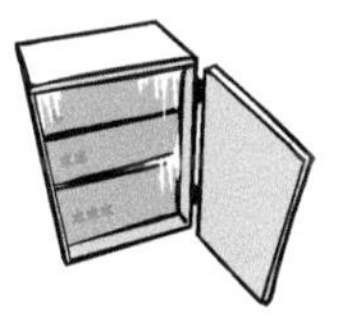

καταψύκτης

Gefriertruhe

μπιμπερό

Babyflasche

βρύση

Wasserhahn

μπάνιο
Badezimmer

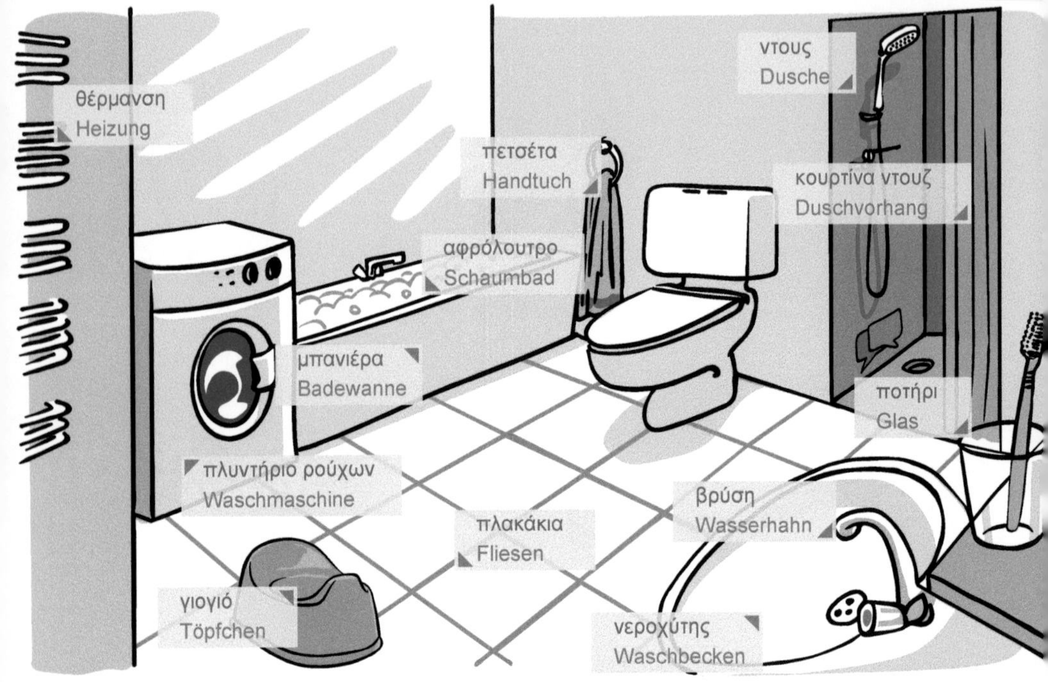

θέρμανση
Heizung
πετσέτα
Handtuch
ντους
Dusche
κουρτίνα ντουζ
Duschvorhang
αφρόλουτρο
Schaumbad
μπανιέρα
Badewanne
ποτήρι
Glas
πλυντήριο ρούχων
Waschmaschine
βρύση
Wasserhahn
πλακάκια
Fliesen
γιογιό
Töpfchen
νεροχύτης
Waschbecken

τουαλέτα

Toilette

τούρκικη τουαλέτα

Hocktoilette

μπιντές

Bidet

ουρητήριο

Pissoir

χαρτί υγείας

Toilettenpapier

πιγκάλ

Toilettenbürste

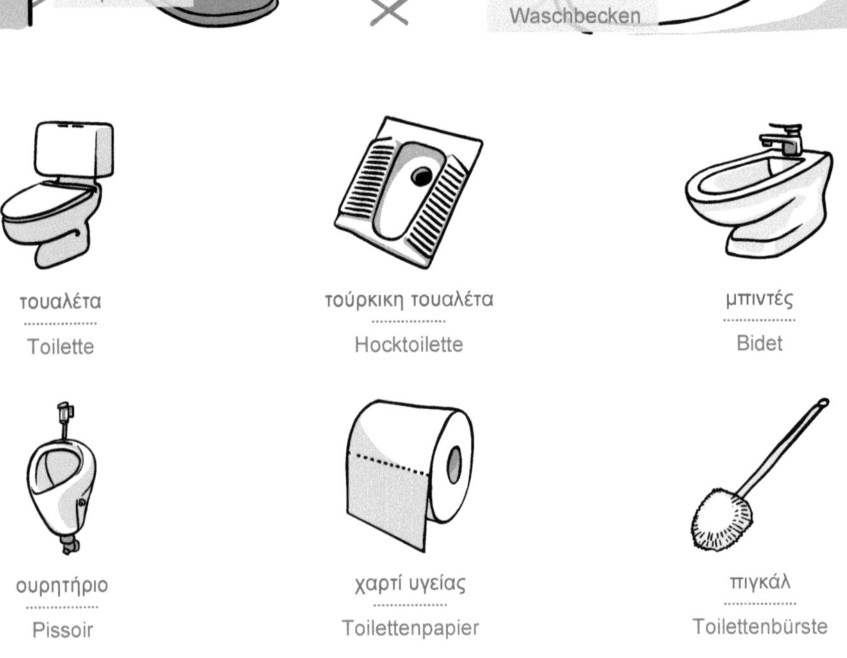

οδοντόβουρτσα

Zahnbürste

οδοντόκρεμα

Zahnpasta

οδοντικό νήμα

Zahnseide

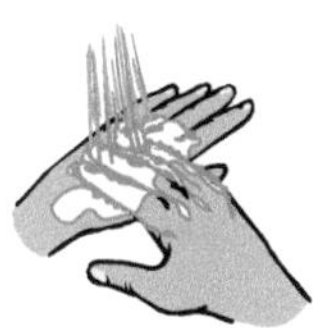

πλένω

waschen

τηλέφωνο ντους

Handbrause

ντουσιέρα

Intimdusche

λεκάνη

Waschschüssel

βούρτσα πλάτης

Rückenbürste

σαπούνι

Seife

αφρόλουτρο

Duschgel

σαμπουάν

Shampoo

φανέλα

Waschlappen

σιφόνι

Abfluss

κρέμα

Creme

αποσμητικό

Deodorant

καθρέφτης

Spiegel

καθρέφτης χειρός

Kosmetikspiegel

ξυραφάκι

Rasierer

αφρός ξυρίσματος

Rasierschaum

αφτερσέιβ

Rasierwasser

χτένα

Kamm

βούρτσα

Bürste

σεσουάρ

Föhn

λακ

Haarspray

μακιγιάζ

Makeup

κραγιόν

Lippenstift

βερνίκι νυχιών

Nagellack

βαμβάκι

Watte

ψαλίδι νυχιών

Nagelschere

άρωμα

Parfum

νεσεσέρ

Kulturbeutel

σκαμπό

Hocker

ζυγαριά

Waage

μπουρνούζι

Bademantel

ελαστικά γάντια

Gummihandschuhe

ταμπόν

Tampon

πετσέτα υγιεινής

Damenbinde

χημική τουαλέτα

Chemietoilette

παιδικό δωμάτιο
Kinderzimmer

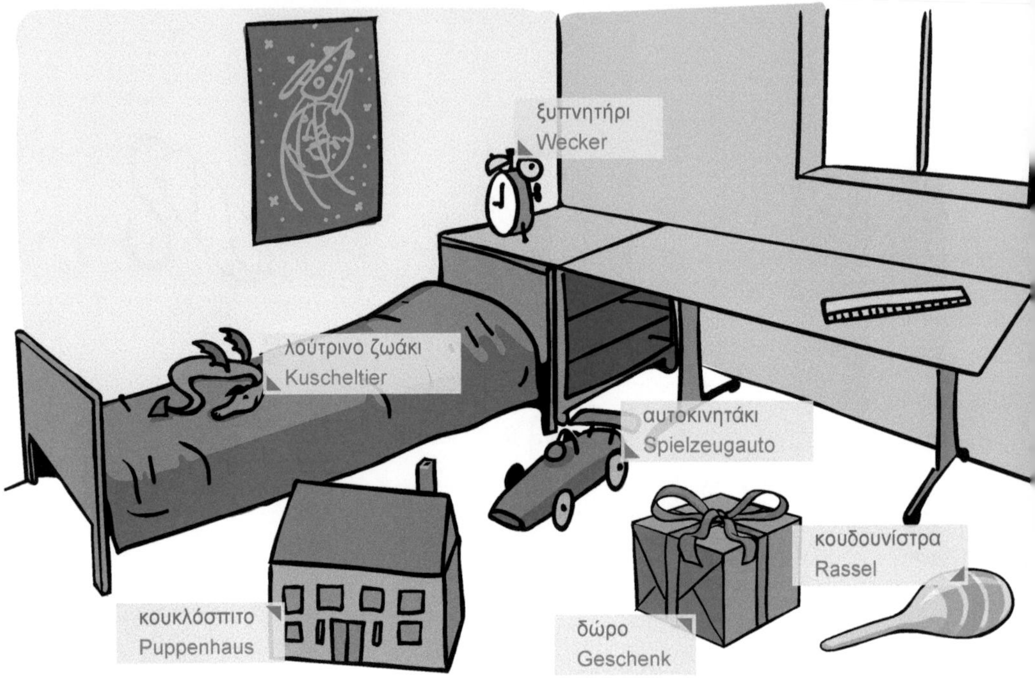

ξυπνητήρι
Wecker

λούτρινο ζωάκι
Kuscheltier

αυτοκινητάκι
Spielzeugauto

κουδουνίστρα
Rassel

κουκλόσπιτο
Puppenhaus

δώρο
Geschenk

μπαλόνι
Ballon

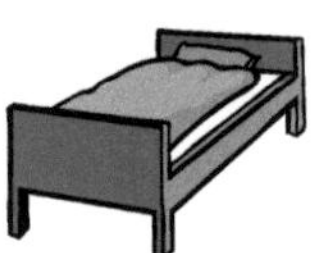

κρεβάτι
Bett

καροτσάκι
Kinderwagen

τράπουλα
Kartenspiel

παζλ
Puzzle

κόμικς
Comic

τουβλάκια lego

Legosteine

τουβλάκια κατασκευών

Bausteine

φιγούρα δράσης

Action Figur

βρεφικό φορμάκι

Strampelanzug

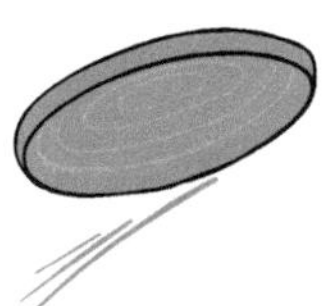

φρίσμπι

Frisbee

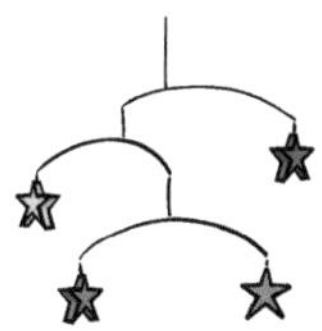

μόμπιλο

Mobile

επιτραπέζιο παιχνίδι

Brettspiel

ζάρια

Würfel

σετ τρενάκι

Modelleisenbahn

πιπίλα

Schnuller

πάρτι

Party

εικονογραφημένο βιβλίο

Bilderbuch

μπάλα

Ball

κούκλα

Puppe

παίζω

spielen

σκάμμα με άμμο

Sandkasten

κούνια

Schaukel

παιχνίδια

Spielzeug

κονσόλα βιντεοπαιχνιδιών

Spielkonsole

τρίκυκλο

Dreirad

αρκουδάκι

Teddy

ντουλάπα

Kleiderschrank

ρούχα
Kleidung

κάλτσες

Socken

καλτσοδέτες

Strümpfe

καλσόν

Strumpfhose

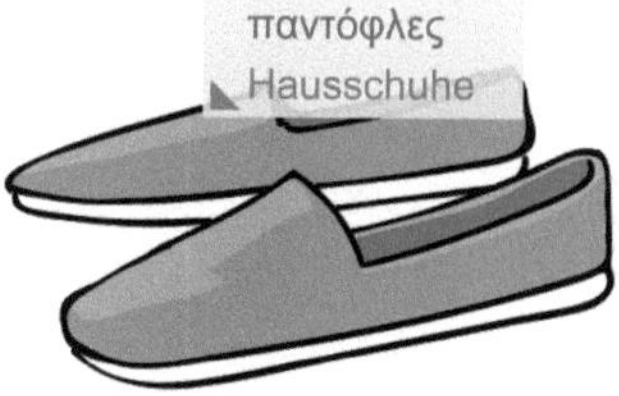

κασκόλ
Schal

ομπρέλα
Regenschirm

μπλουζάκι
T-Shirt

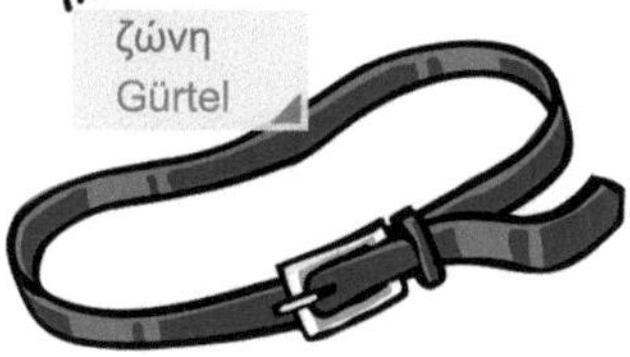

ζώνη
Gürtel

μπότες
Stiefel

παντόφλες
Hausschuhe

αθλητικά παπούτσια
Turnschuhe

σανδάλια
Sandalen

παπούτσια
Schuhe

γαλότσες
Gummistiefel

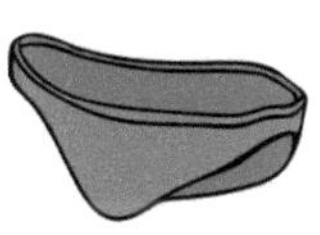

εσώρουχο
Unterhose

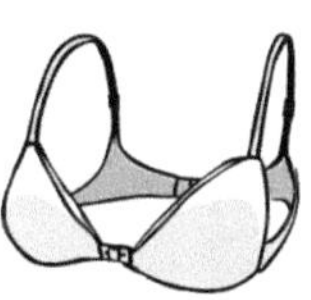

σουτιέν
Büstenhalter

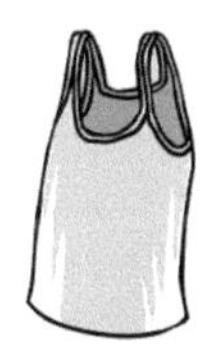

φανέλα
Unterhemd

σώμα

Body

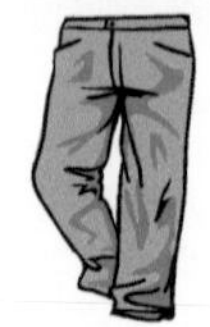

παντελόνι

Hose

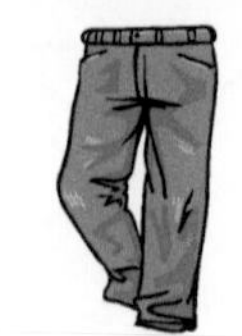

τζιν παντελόνι

Jeans

φούστα

Rock

μπλούζα

Bluse

πουκάμισο

Hemd

πουλόβερ

Pullover

πουλόβερ

Kapuzenpullover

σακάκι

Blazer

μπουφάν

Jacke

παλτό

Mantel

αδιάβροχο πανωφόρι

Regenmantel

κοστούμι

Kostüm

φόρεμα

Kleid

νυφικό

Hochzeitskleid

κοστούμι

Anzug

νυχτικό

Nachthemd

πιτζάμες

Schlafanzug

σάρι

Sari

μαντήλι

Kopftuch

τουρμπάνι

Turban

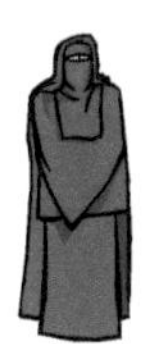

μπούρκα

Burka

καφτάνι

Kaftan

μουσουλμανικό ένδυμα

Abaya

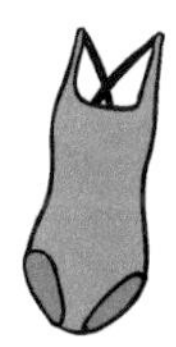

ολόσωμο μαγιό

Badeanzug

ανδρικό μαγιό

Badehose

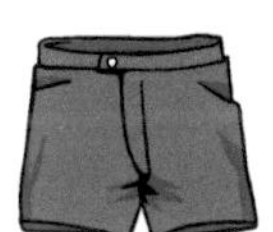

σορτς

Kurze Hose

αθλητική φόρμα

Trainingsanzug

ποδιά

Schürze

γάντια

Handschuhe

κουμπί

Knopf

γυαλιά

Brille

βραχιόλι

Armband

περιδέραιο

Halskette

δαχτυλίδι

Ring

σκουλαρίκι

Ohrring

καπέλο

Mütze

κρεμάστρα

Kleiderbügel

καπέλο

Hut

γραβάτα

Krawatte

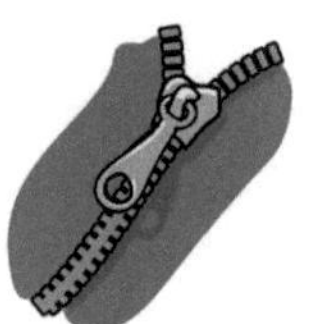

φερμουάρ

Reißverschluss

κράνος

Helm

τιράντες

Hosenträger

μαθητική στολή

Schuluniform

στολή

Uniform

σαλιάρα

Lätzchen

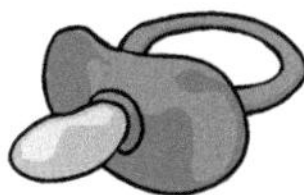

πιπίλα

Schnuller

πάνα

Windel

γραφείο
Büro

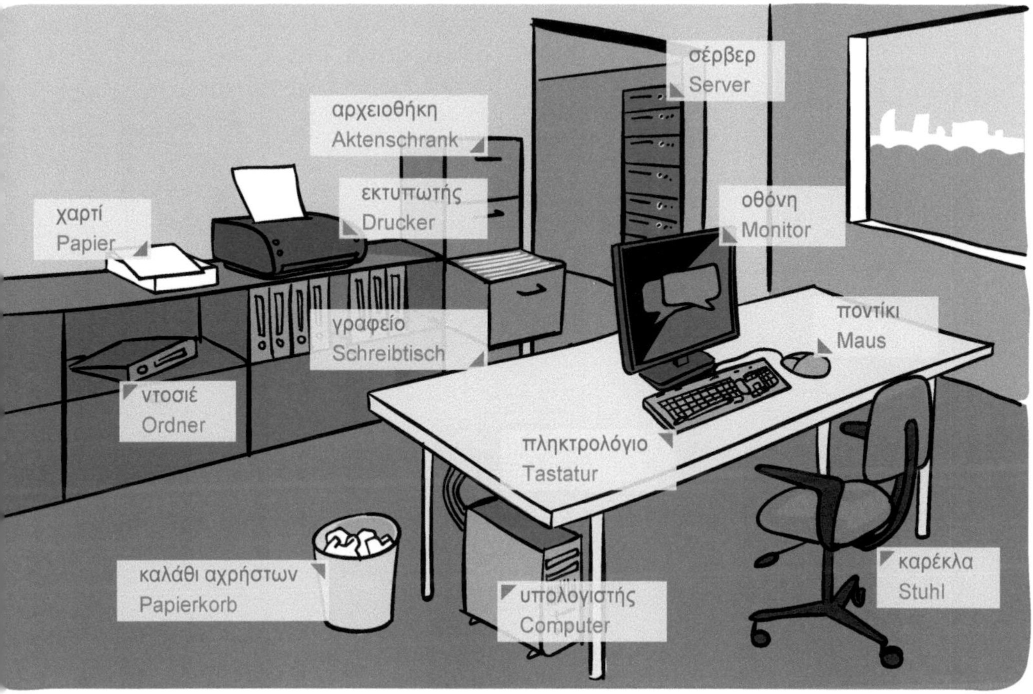

σέρβερ
Server

αρχειοθήκη
Aktenschrank

εκτυπωτής
Drucker

χαρτί
Papier

οθόνη
Monitor

ποντίκι
Maus

γραφείο
Schreibtisch

ντοσιέ
Ordner

πληκτρολόγιο
Tastatur

καλάθι αχρήστων
Papierkorb

υπολογιστής
Computer

καρέκλα
Stuhl

κούπα του καφέ

Kaffeebecher

κομπιουτεράκι

Taschenrechner

ίντερνετ

Internet

λάπτοπ

Laptop

γράμμα

Brief

μήνυμα

Nachricht

κινητό

Handy

δίκτυο

Netzwerk

φωτοτυπικό μηχάνημα

Kopierer

λογισμικό

Software

τηλέφωνο

Telefon

πρίζα

Steckdose

συσκευή φαξ

Fax

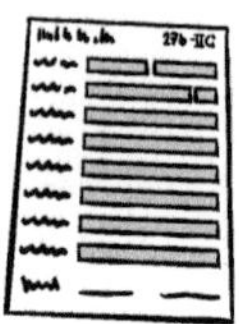

έντυπο

Formular

έγγραφο

Dokument

οικονομία
Wirtschaft

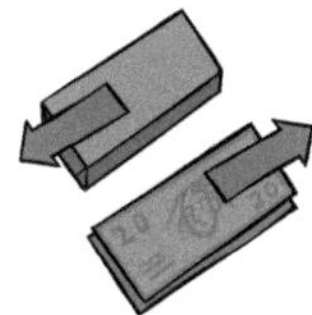

αγοράζω

kaufen

πληρώνω

bezahlen

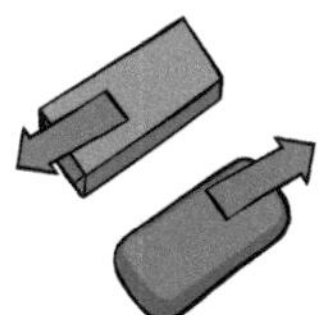

συναλλάσσομαι

handeln

χρήματα

Geld

δολάριο

Dollar

ευρώ

Euro

γιεν

Yen

ρούβλι

Rubel

ελβετικό φράγκο

Franken

ρενμίνμπι γιουάν

Renminbi Yuan

ρουπία

Rupie

ATM (αυτόματη ταμειακή μηχανή)

Geldautomat

ανταλλακτήρια συναλλάγματος

Wechselstube

χρυσός

Gold

ασήμι

Silber

πετρέλαιο

Öl

ενέργεια

Energie

τιμή

Preis

συμβόλαιο

Vertrag

φόρος

Steuer

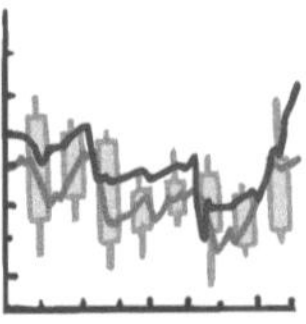

μετοχή

Aktie

δουλεύω

arbeiten

υπάλληλος

Angestellter

εργοδότης

Arbeitgeber

εργοστάσιο

Fabrik

κατάστημα

Geschäft

επαγγέλματα
Berufe

αστυνόμος
Polizist

πυροσβέστης
Feuerwehrmann

μάγειρας
Koch

γιατρός
Arzt

πιλότος
Pilot

κηπουρός

Gärtner

ξυλουργός

Tischler

μοδίστρα

Näherin

δικαστής

Richter

χημικός

Chemiker

ηθοποιός

Schauspieler

οδηγός λεωφορείου

Busfahrer

ταξιτζής

Taxifahrer

ψαράς

Fischer

καθαρίστρια

Putzfrau

τεχνίτης στεγών

Dachdecker

σερβιτόρος

Kellner

κυνηγός

Jäger

ζωγράφος

Maler

αρτοποιός

Bäcker

ηλεκτρολόγος

Elektriker

οικοδόμος

Bauarbeiter

μηχανολόγος

Ingenieur

κρεοπώλης

Schlachter

υδραυλικός

Klempner

ταχυδρόμος

Postbote

στρατιώτης

Soldat

αρχιτέκτονας

Architekt

ταμίας

Kassierer

ανθοπώλης

Florist

κομμωτής

Friseur

ελεγκτής εισιτηρίων

Schaffner

μηχανικός

Mechaniker

καπετάνιος

Kapitän

οδοντίατρος

Zahnarzt

επιστήμονας

Wissenschaftler

ραβίνος

Rabbi

ιμάμης

Imam

μοναχός

Mönch

ιερέας

Geistlicher

εργαλεία

Werkzeuge

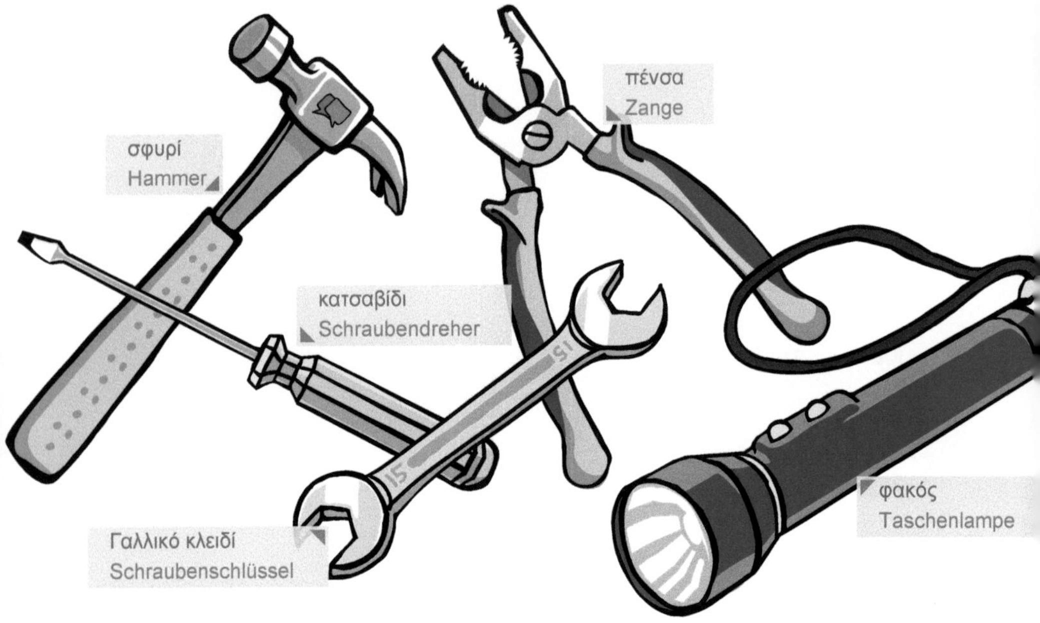

σφυρί
Hammer

πένσα
Zange

κατσαβίδι
Schraubendreher

φακός
Taschenlampe

Γαλλικό κλειδί
Schraubenschlüssel

εκσκαφέας

Bagger

εργαλειοθήκη

Werkzeugkasten

σκάλα

Leiter

πριόνι

Säge

καρφιά

Nägel

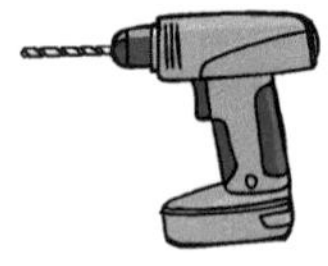

τρυπάνι

Bohrer

επισκευάζω

reparieren

φτυάρι

Schaufel

Να πάρει!

Mist!

φαράσι

Kehrblech

δοχείο χρωμάτων

Farbtopf

βίδες

Schrauben

μουσικά όργανα
Musikinstrumente

μεγάφωνο
Lautsprecher

ντραμς
Schlagzeug

κιθάρα
Gitarre

κοντραμπάσο
Kontrabass

τρομπέτα
Trompete

πιάνο
Klavier

βιολί
Violine

μπάσο
Bass

τύμπανα
Pauke

τύμπανο
Trommeln

πλήκτρα
Keyboard

σαξόφωνο
Saxophon

φλάουτο
Flöte

μικρόφωνο
Mikrofon

ζωολογικός κήπος
Zoo

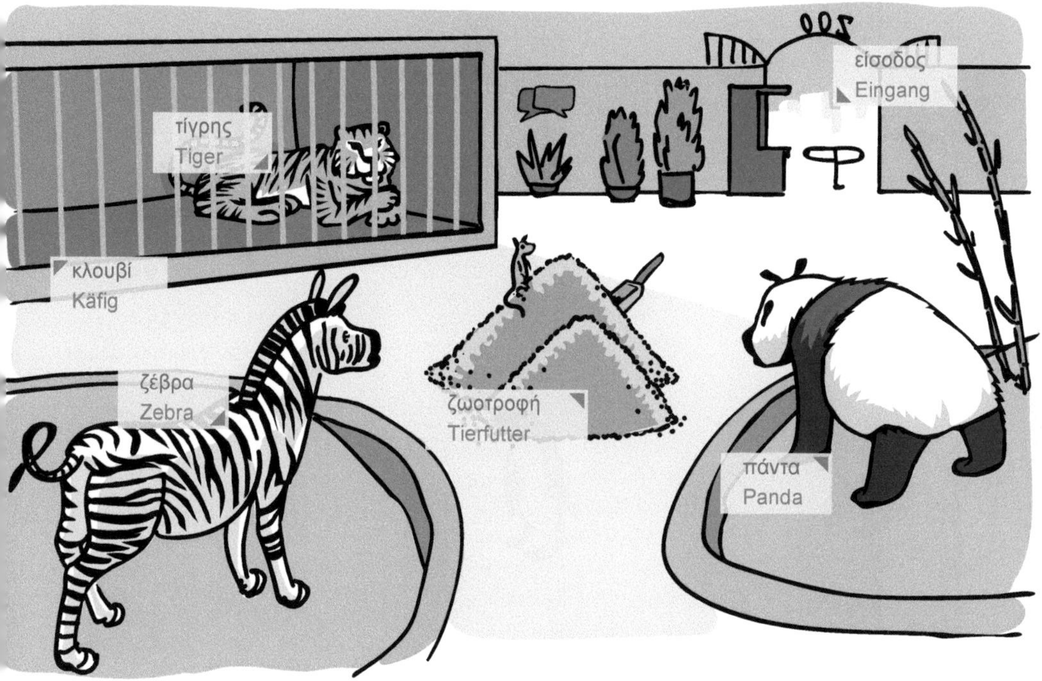

τίγρης
Tiger

είσοδος
Eingang

κλουβί
Käfig

ζέβρα
Zebra

ζωοτροφή
Tierfutter

πάντα
Panda

ζώα
Tiere

ελέφαντας
Elefant

καγκουρό
Känguru

ρινόκερος
Nashorn

γορίλας
Gorilla

αρκούδα
Bär

καμήλα

Kamel

στρουθοκάμηλος

Strauß

λιοντάρι

Löwe

πίθηκος

Affe

φλαμίνγκο

Flamingo

παπαγάλος

Papagei

πολική αρκούδα

Eisbär

πιγκουίνος

Pinguin

καρχαρίας

Hai

παγώνι

Pfau

φίδι

Schlange

κροκόδειλος

Krokodil

φύλακας ζωολογικού κήπου

Zoowärter

φώκια

Robbe

τζάγκουαρ

Jaguar

πόνυ

Pony

λεοπάρδαλη

Leopard

ιπποπόταμος

Nilpferd

καμηλοπάρδαλη

Giraffe

αετός

Adler

αγριογούρουνο

Wildschwein

ψάρι

Fisch

χελώνα

Schildkröte

θαλάσσιος ίππος

Walross

αλεπού

Fuchs

γαζέλα

Gazelle

αθλήματα

Sport

δραστηριότητες
Aktivitäten

πηδάω
springen

αγκαλιάζω
umarmen

γελάω
lachen

περπατάω
gehen

τραγουδάω
singen

ονειρεύομαι
träumen

προσεύχομαι
beten

φιλάω
küssen

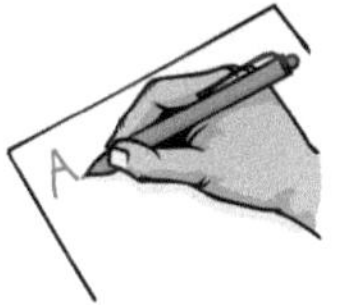

γράφω

schreiben

σχεδιάζω

zeichnen

δείχνω

zeigen

πιέζω

drücken

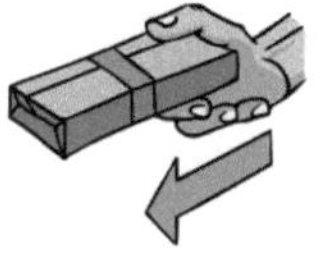

δίνω

geben

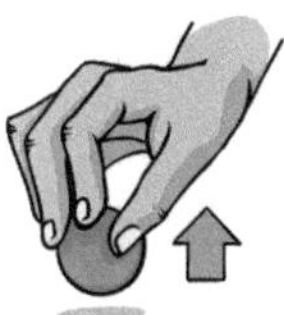

παίρνω

nehmen

έχω

haben

κάνω

tun

είμαι

sein

στέκομαι

stehen

τρέχω

laufen

τραβάω

ziehen

ρίχνω

werfen

πέφτω

fallen

ξαπλώνω

liegen

περιμένω

warten

κουβαλώ

tragen

κάθομαι

sitzen

φοράω

anziehen

κοιμάμαι

schlafen

ξυπνάω

aufwachen

κοιτάω

ansehen

κλαίω

weinen

χαϊδεύω

streicheln

χτενίζω

kämmen

μιλάω

reden

καταλαβαίνω

verstehen

ρωτάω

fragen

ακούω

hören

πίνω

trinken

τρώω

essen

συγυρίζω

aufräumen

αγαπάω

lieben

μαγειρεύω

kochen

οδηγώ

fahren

πετάω

fliegen

κάνω ιστιοπλοΐα

segeln

υπολογίζω

rechnen

διαβάζω

lesen

μαθαίνω

lernen

δουλεύω

arbeiten

παντρεύομαι

heiraten

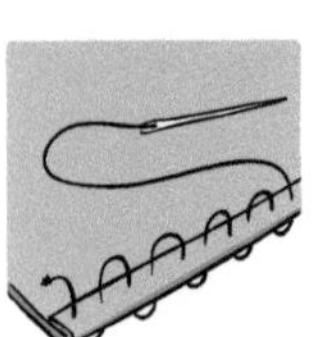

ράβω

nähen

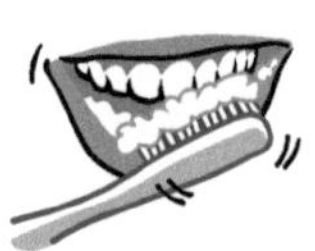

βουρτσίζω τα δόντια

Zähne putzen

σκοτώνω

töten

καπνίζω

rauchen

στέλνω

senden

οικογένεια
Familie

γιαγιά
Großmutter

παππούς
Großvater

πατέρας
Vater

μητέρα
Mutter

μωρό
Baby

κόρη
Tochter

γιος
Sohn

καλεσμένος

Gast

θεία

Tante

θείος

Onkel

αδελφός

Bruder

αδελφή

Schwester

σώμα

Körper

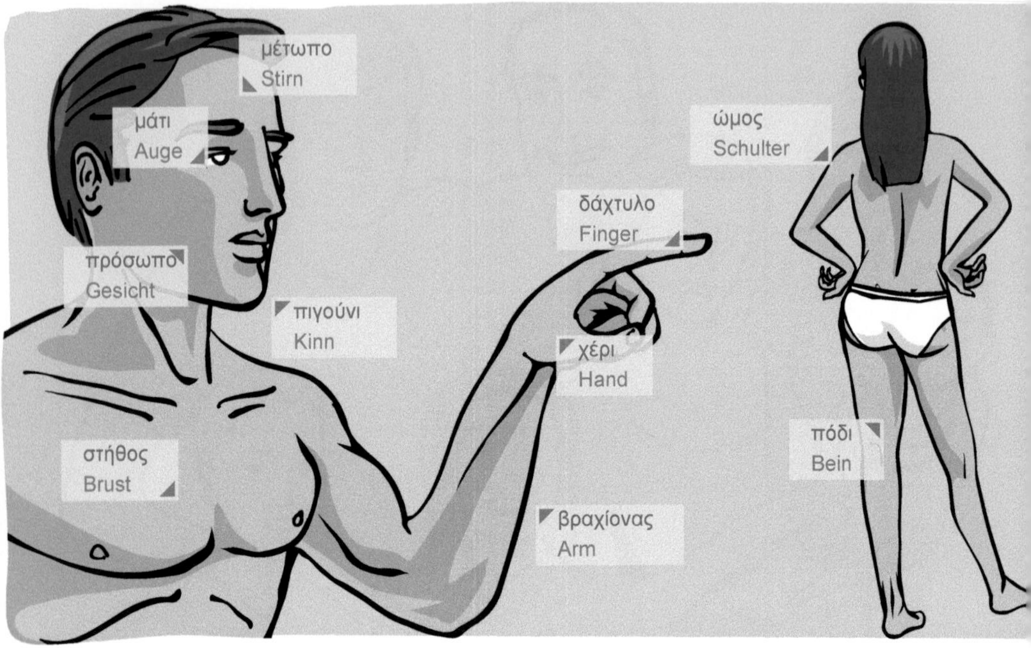

μέτωπο
Stirn

μάτι
Auge

ώμος
Schulter

δάχτυλο
Finger

πρόσωπο
Gesicht

πιγούνι
Kinn

χέρι
Hand

πόδι
Bein

στήθος
Brust

βραχίονας
Arm

μωρό

Baby

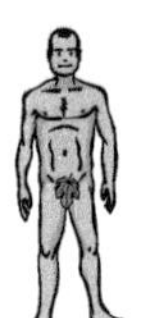

άνδρας

Mann

γυναίκα

Frau

κορίτσι

Mädchen

αγόρι

Junge

κεφάλι

Kopf

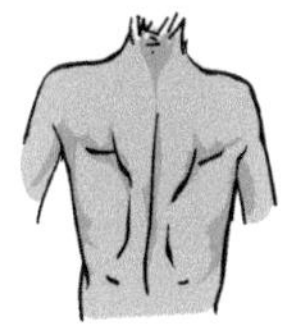

πλάτη

Rücken

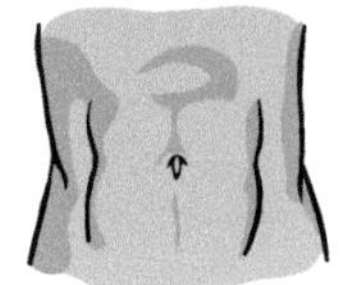

κοιλιά

Bauch

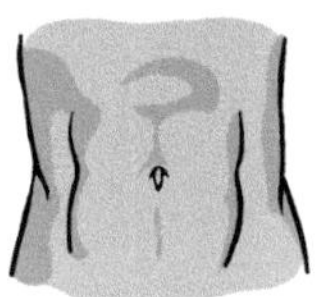

αφαλός

Nabel

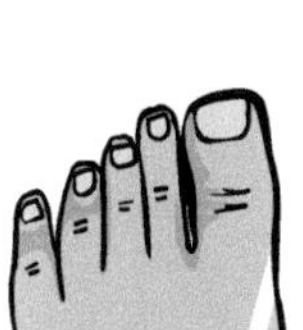

δάχτυλο ποδιού

Zeh

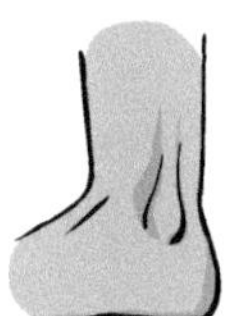

φτέρνα

Ferse

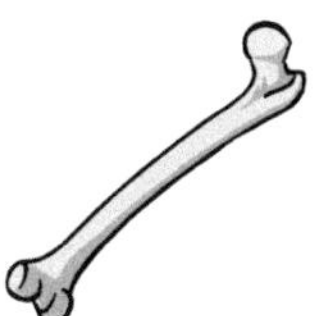

κόκκαλο

Knochen

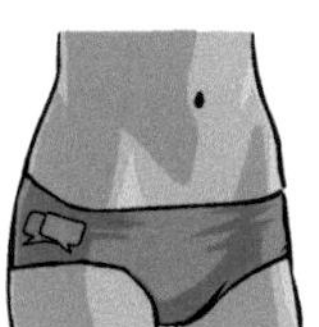

γοφός

Hüfte

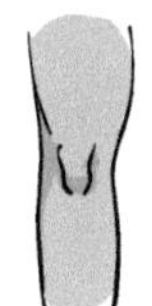

γόνατο

Knie

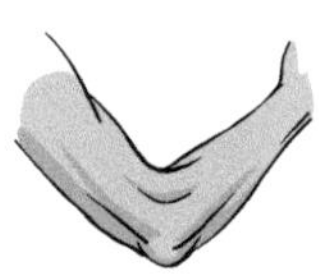

αγκώνας

Ellenbogen

μύτη

Nase

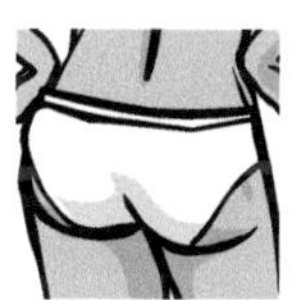

γλουτός

Gesäß

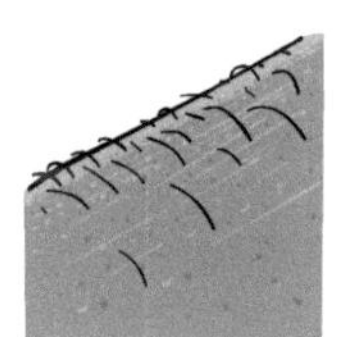

δέρμα

Haut

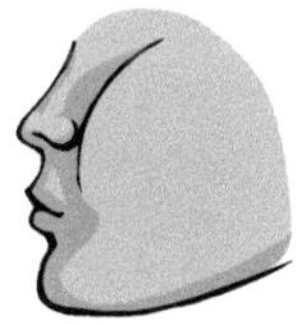

μάγουλο

Wange

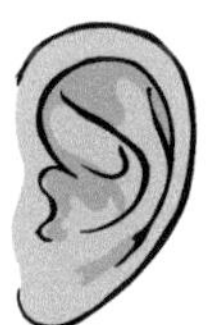

αυτί

Ohr

χείλος

Lippe

στόμα

Mund

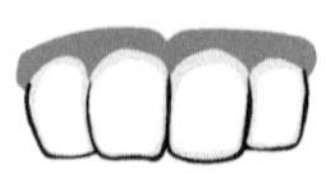

δόντι

Zahn

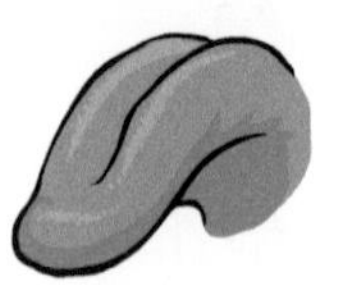

γλώσσα

Zunge

εγκέφαλος

Gehirn

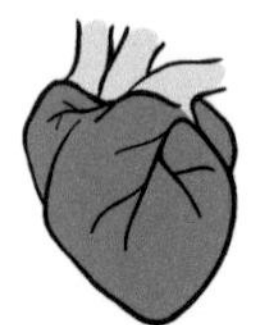

καρδιά

Herz

μυς

Muskel

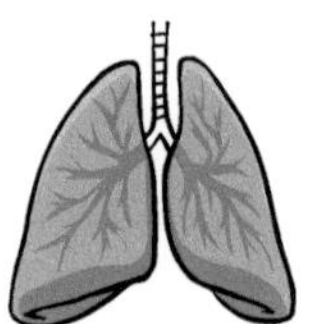

πνεύμονας

Lunge

συκώτι

Leber

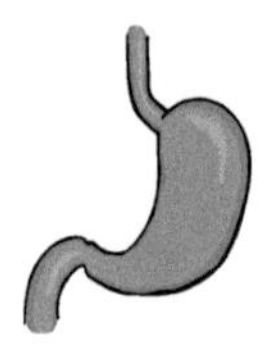

στομάχι

Magen

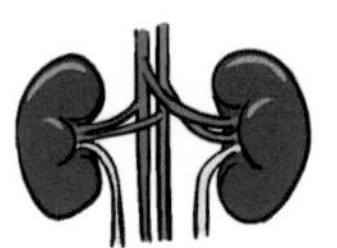

νεφρά

Nieren

σεξουαλική επαφή

Geschlechtsverkehr

προφυλακτικό

Kondom

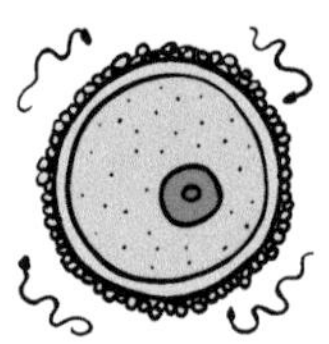

ωάριο

Eizelle

σπέρμα

Sperma

εγκυμοσύνη

Schwangerschaft

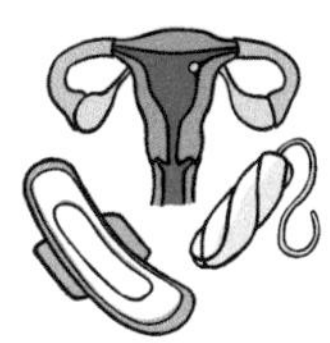

περίοδος

Menstruation

γυναικείος κόλπος

Vagina

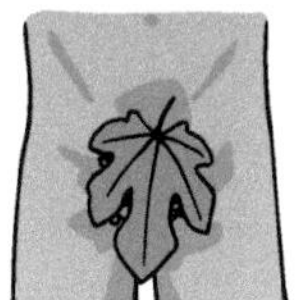

πέος

Penis

φρύδι

Augenbraue

μαλλιά

Haar

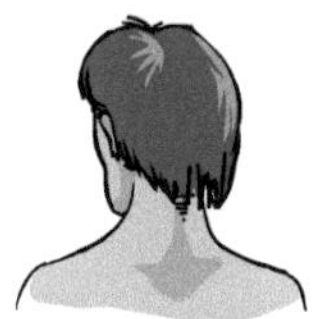

λαιμός

Hals

νοσοκομείο

Krankenhaus

νοσοκομείο
Krankenhaus

ασθενοφόρο
Krankenwagen

αναπηρικό καροτσάκι
Rollstuhl

κάταγμα
Bruch

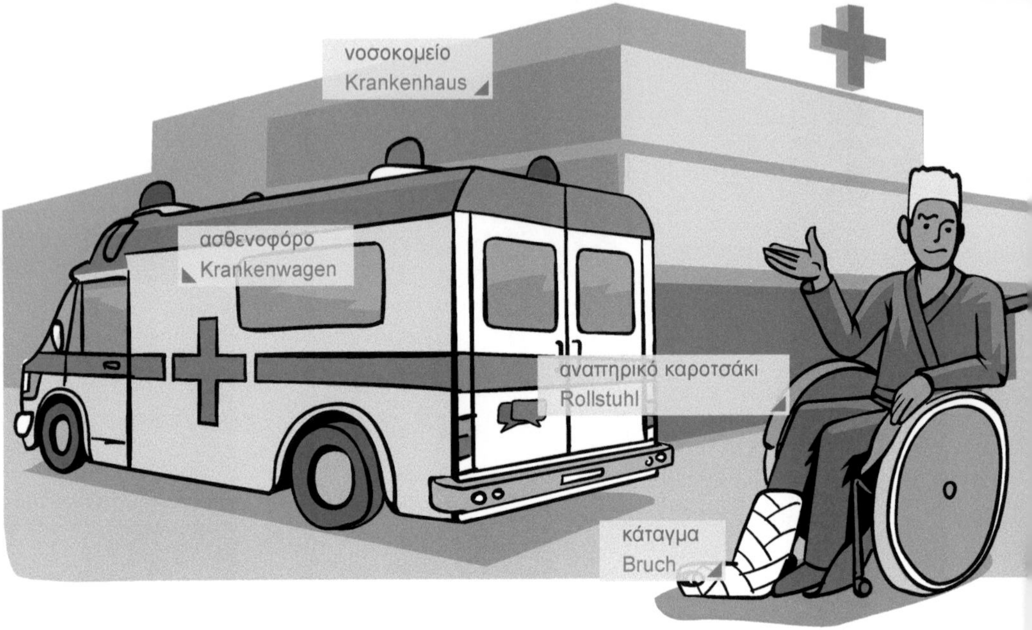

γιατρός

Arzt

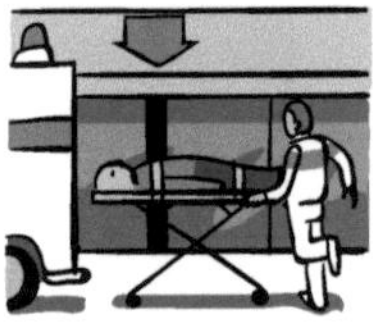

μονάδα εντατικής θεραπείας

Notaufnahme

νοσοκόμα

Krankenschwester

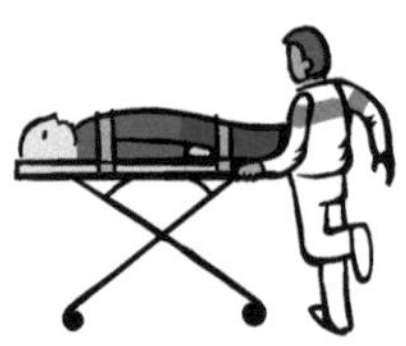

έκτακτη ανάγκη

Notfall

λιπόθυμος

ohnmächtig

πόνος

Schmerz

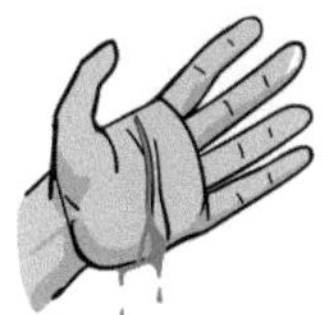

τραύμα

Verletzung

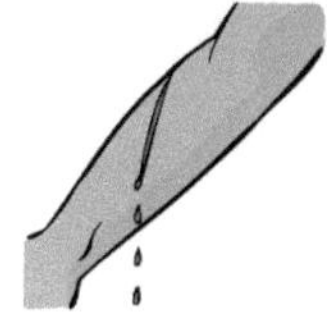

αιμορραγία

Blutung

έμφραγμα

Herzinfarkt

εγκεφαλικό

Schlaganfall

αλλεργία

Allergie

βήχας

Husten

πυρετός

Fieber

γρίπη

Grippe

διάρροια

Durchfall

πονοκέφαλος

Kopfschmerzen

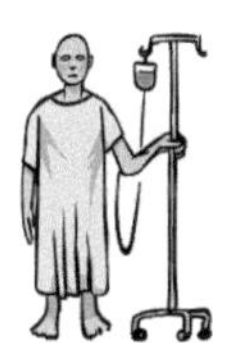

καρκίνος

Krebs

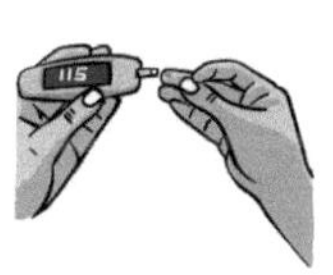

διαβήτης

Diabetis

χειρουργός

Chirurg

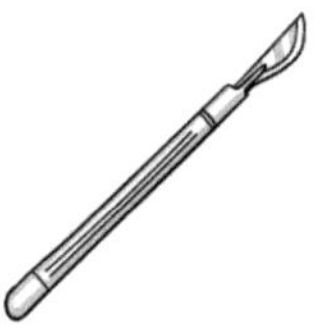

νυστέρι

Skalpell

εγχείρηση

Operation

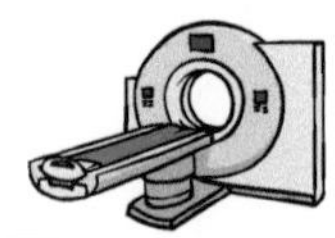

αξονική τομογραφία

CT

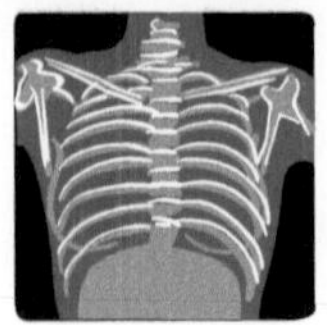

ακτινογραφία

Röntgen

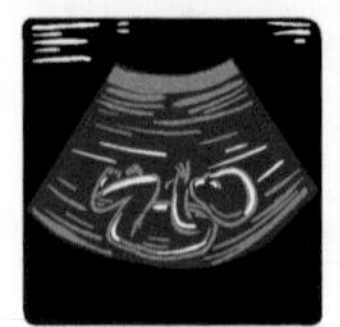

υπέρηχος

Ultraschall

μάσκα

Maske

ασθένεια

Krankheit

αίθουσα αναμονής

Wartezimmer

πατερίτσα

Krücke

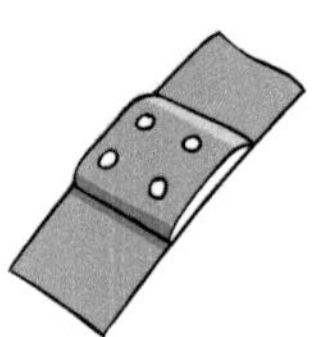

χάνσαπλαστ

Pflaster

επίδεσμος

Verband

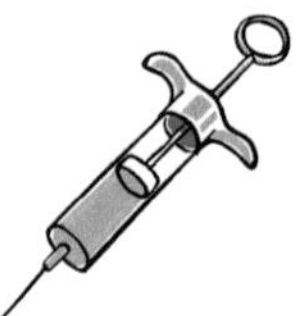

ένεση

Injektion

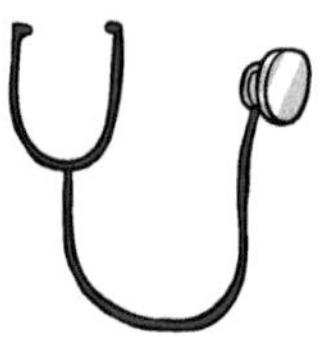

στηθοσκόπιο

Stethoskop

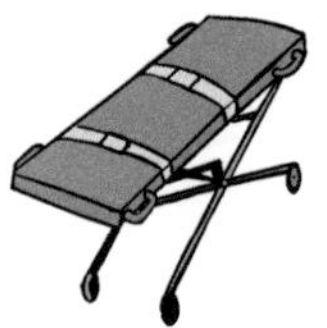

φορείο

Trage

θερμόμετρο

Thermometer

γέννηση

Geburt

υπέρβαρο

Übergewicht

ακουστικό βαρηκοΐας

Hörgerät

αντισηπτικό

Desinfektionsmittel

λοίμωξη

Infektion

ιός

Virus

HIV/AIDS

HIV / AIDS

φάρμακο

Medizin

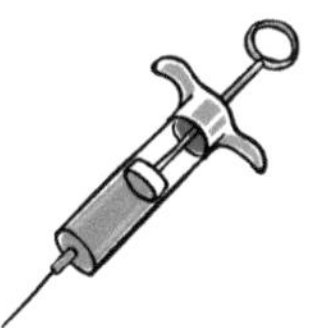

εμβολιασμός

Impfung

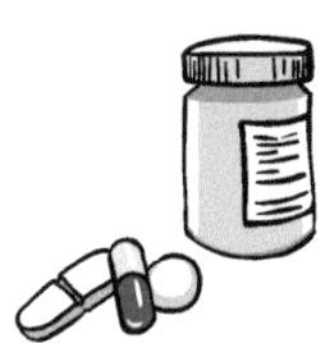

δισκία

Tabletten

χάπι

Pille

κλήση έκτακτης ανάγκης

Notruf

πιεσόμετρο αίματος

Blutdruck-Messgerät

άρρωστος / υγιής

krank / gesund

έκτακτη ανάγκη
Notfall

Βοήθεια!

Hilfe!

συναγερμός

Alarm

βιαιοπραγία

Überfall

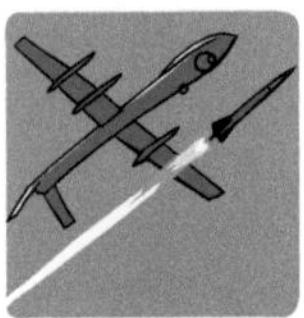

επίθεση

Angriff

κίνδυνος

Gefahr

έξοδος κινδύνου

Notausgang

Φωτιά!

Feuer!

πυροσβεστήρας

Feuerlöscher

ατύχημα

Unfall

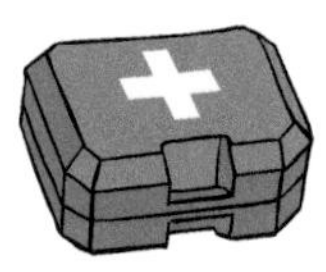

κουτί πρώτων βοηθειών

Erste-Hilfe-Koffer

SOS

SOS

αστυνομία

Polizei

Ευρώπη

Europa

Βόρεια Αμερική

Nordamerika

Νότια Αμερική

Südamerika

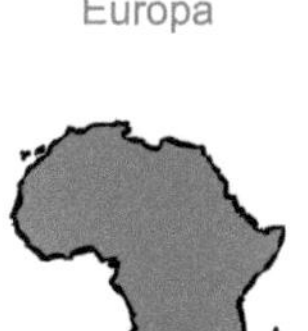

Αφρική

Afrika

Ασία

Asien

Αυστραλία

Australien

Ατλαντικός Ωκεανός

Atlantik

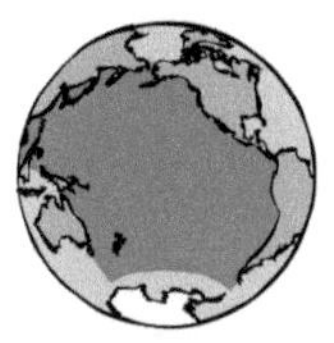

Ειρηνικός Ωκεανός

Pazifik

Ινδικός Ωκεανός

Indischer Ozean

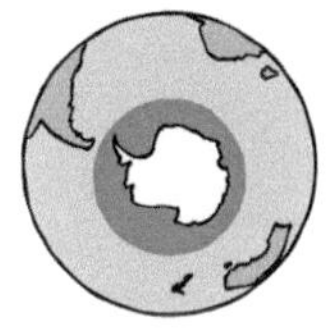

Ανταρκτικός Ωκεανός

Antarktischer Ozean

Αρκτικός Ωκεανός

Arktischer Ozean

Βόρειος Πόλος

Nordpol

Νότιος Πόλος

Südpol

Ανταρκτική

Antarktis

Γη

Erde

γη

Land

θάλασσα

Meer

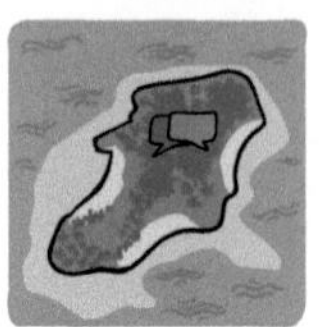

νησί

Insel

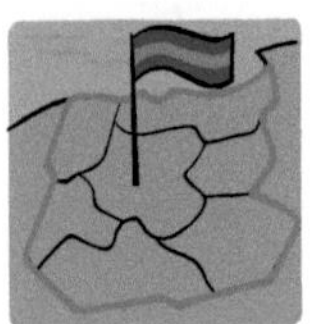

έθνος

Nation

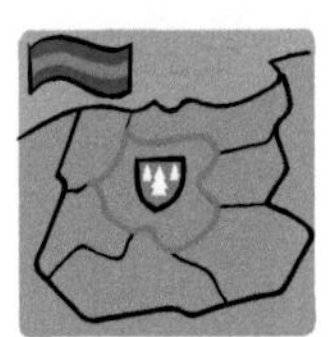

πολιτεία

Staat

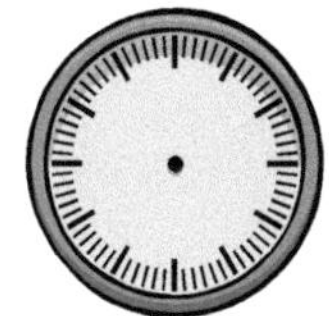
καντράν ρολογιού
Zifferblatt

ωροδείκτης
Stundenzeiger

λεπτοδείκτης
Minutenzeiger

δείκτης δευτερολέπτων
Sekundenzeiger

Τι ώρα είναι;
Wie spät ist es?

ημέρα
Tag

χρόνος
Zeit

τώρα
jetzt

ψηφιακό ρολόι
Digitaluhr

λεπτό
Minute

ώρα
Stunde

εβδομάδα

Woche

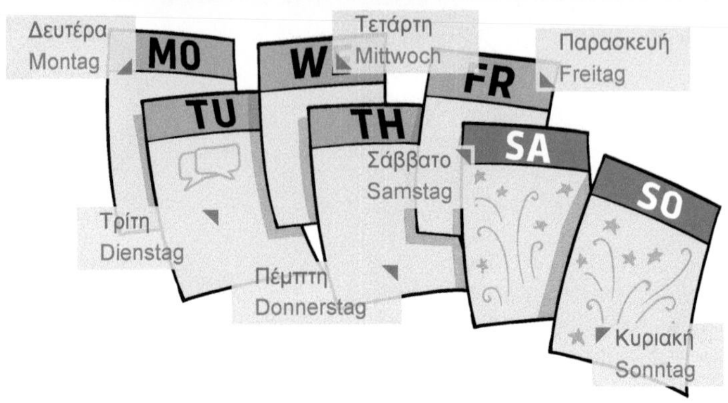

χθες

gestern

σήμερα

heute

αύριο

morgen

πρωί

Morgen

μεσημέρι

Mittag

βράδυ

Abend

MO	TU	WE	TH	FR	SA	SU
1	2	3	4	5	6	7
8	9	10	11	12	13	14
15	16	17	18	19	20	21
22	23	24	25	26	27	28
29	30	31	1	2	3	4

εργάσιμες ημέρες

Arbeitstage

MO	TU	WE	TH	FR	SA	SU
1	2	3	4	5	6	7
8	9	10	11	12	13	14
15	16	17	18	19	20	21
22	23	24	25	26	27	28
29	30	31	1	2	3	4

Σαββατοκύριακο

Wochenende

έτος
Jahr

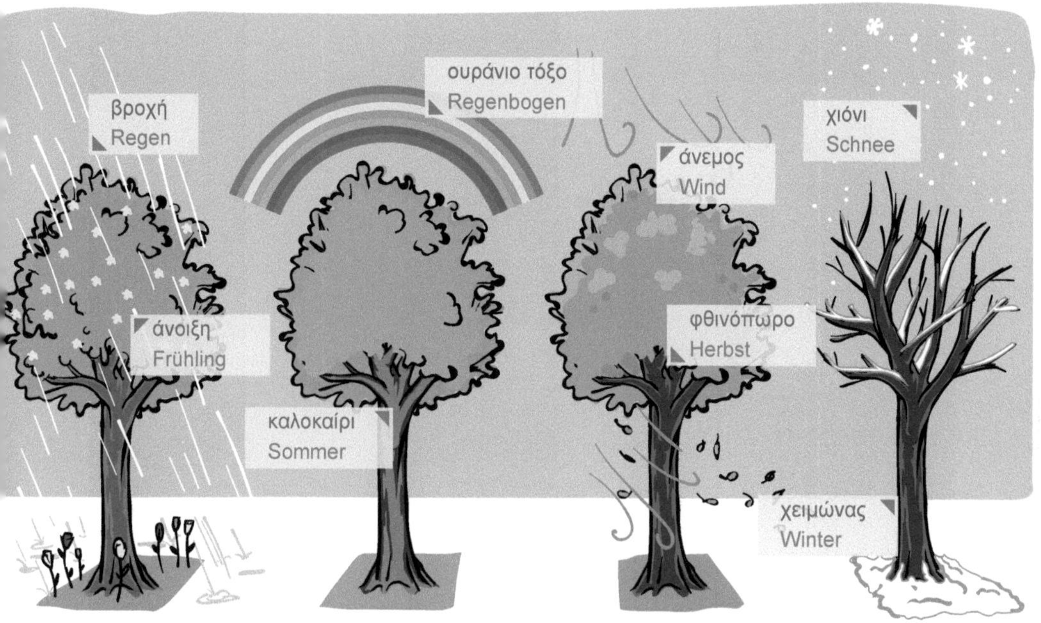

βροχή
Regen
ουράνιο τόξο
Regenbogen
χιόνι
Schnee
άνεμος
Wind
άνοιξη
Frühling
φθινόπωρο
Herbst
καλοκαίρι
Sommer
χειμώνας
Winter

4.APRIL 11°
5.APRIL 4°
6.APRIL 13°
7.APRIL 8°
8.APRIL 10°

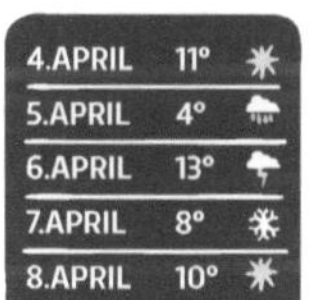

πρόγνωση καιρού

Wettervorhersage

F C
120 40
90 30
60 20
30 10
0 0
-30 -10
-20

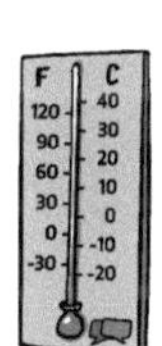

θερμόμετρο

Thermometer

λιακάδα

Sonnenschein

σύννεφο

Wolke

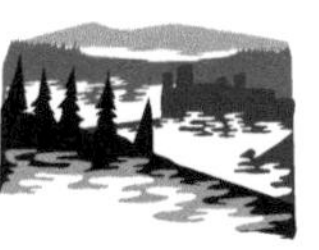

ομίχλη

Nebel

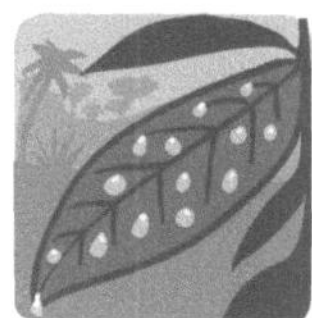

υγρασία

Luftfeuchtigkeit

αστραπή

Blitz

κεραυνός

Donner

καταιγίδα

Sturm

χαλάζι

Hagel

μουσώνας

Monsun

πλημμύρα

Flut

πάγος

Eis

Ιανουάριος

Januar

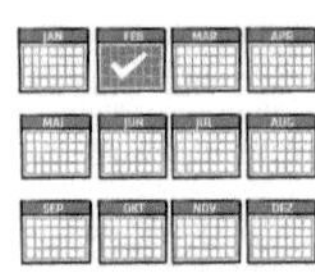

Φεβρουάριος

Februar

Μάρτιος

März

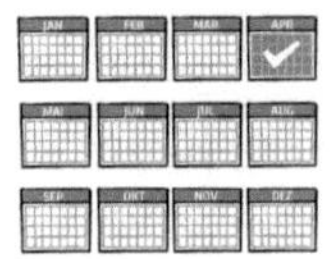

Απρίλιος

April

Μάιος

Mai

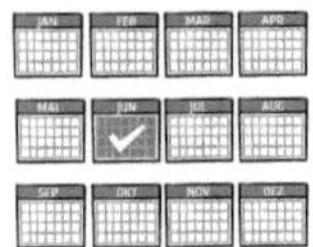

Ιούνιος

Juni

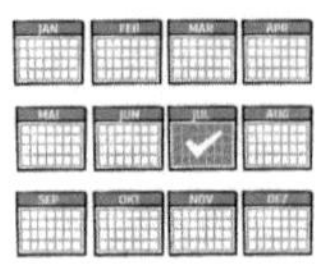

Ιούλιος

Juli

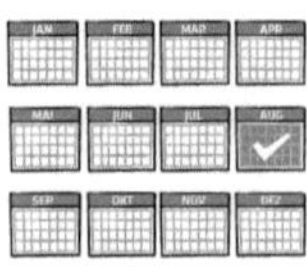

Αύγουστος

August

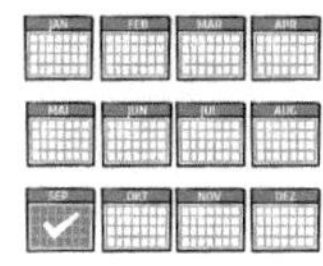

Σεπτέμβριος

September

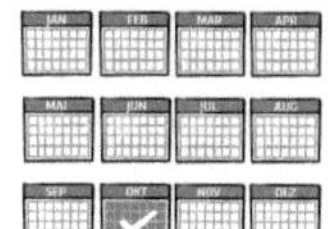

Οκτώβριος

Oktober

Νοέμβριος

November

Δεκέμβριος

Dezember

σχήματα
Formen

κύκλος

Kreis

τετράγωνο

Quadrat

ορθογώνιο παραλληλόγραμμο

Rechteck

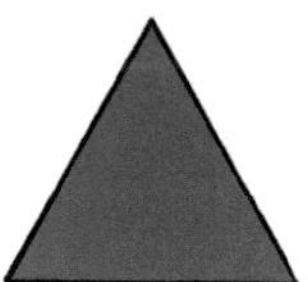

τρίγωνο

Dreieck

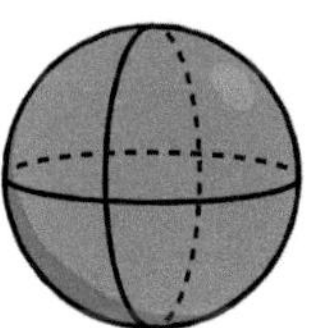

σφαίρα

Kugel

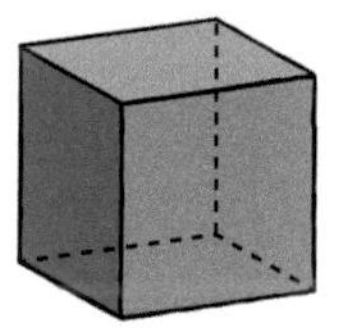

κύβος

Würfel

χρώματα
Farben

άσπρο

weiß

κίτρινο

gelb

πορτοκαλί

orange

ροζ

pink

κόκκινο

rot

μωβ

lila

μπλε

blau

πράσινο

grün

καφέ

braun

γκρι

grau

μαύρο

schwarz

πολύ / λίγο

viel / wenig

θυμωμένος / ήρεμος

wütend / friedlich

όμορφος / άσχημος

hübsch / hässlich

αρχή / τέλος

Anfang / Ende

μεγάλος / μικρός

groß / klein

φωτεινός / σκοτεινός

hell / dunkel

αδελφός / αδελφή

Bruder / Schwester

καθαρός / λερωμένος

sauber / schmutzig

πλήρης / ατελής

vollständig / unvollständig

ημέρα / νύχτα

Tag / Nacht

νεκρός / ζωντανός

tot / lebendig

φαρδύς / στενός

breit / schmal

βρώσιμος / μη βρώσιμος

genießbar / ungenießbar

κακός / ευγενικός

böse / freundlich

ενθουσιασμένος / βαριεστημένος

aufgeregt / gelangweilt

παχύς / λεπτός

dick / dünn

πρώτος / τελευταίος

zuerst / zuletzt

φίλος / εχθρός

Freund / Feind

γεμάτος / άδειος

voll / leer

σκληρός / μαλακός

hart / weich

βαρύς / ελαφρύς

schwer / leicht

πείνα / δίψα

Hunger / Durst

άρρωστος / υγιής

krank / gesund

παράνομος / νόμιμος

illegal / legal

έξυπνος / χαζός

intelligent / dumm

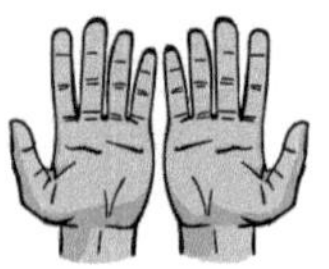

αριστερός / δεξιός

links / rechts

κοντινός / μακρινός

nah / fern

καινούριος /
μεταχειρισμένος

neu / gebraucht

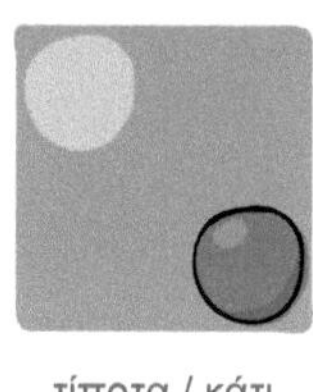

τίποτα / κάτι

nichts / etwas

γέρος | νέος

alt / jung

αναμμένος / σβηστός

an / aus

ανοιχτός / κλειστός

offen / geschlossen

χαμηλόφωνος /
μεγαλόφωνος

leise / laut

πλούσιος / φτωχός

reich / arm

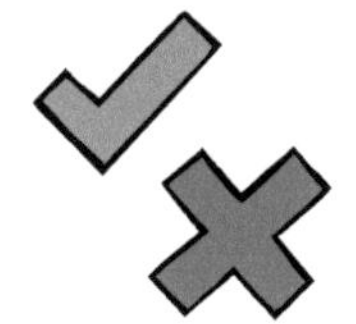

σωστός / λανθασμένος

richtig / falsch

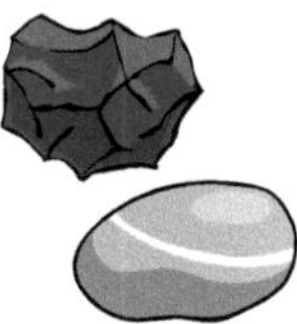

τραχύς / λείος

rau / glatt

λυπημένος / χαρούμενος

traurig / glücklich

κοντός / μακρύς

kurz / lang

αργός / γρήγορος

langsam / schnell

υγρός / στεγνός

nass / trocken

ζεστός / δροσερός

warm / kühl

πόλεμος / ειρήνη

Krieg / Frieden

αριθμοί

Zahlen

0	1	2
μηδέν	ένα	δύο
null	eins	zwei

3	4	5
τρία	τέσσερα	πέντε
drei	vier	fünf

6	7	8
έξι	εφτά	οκτώ
sechs	sieben	acht

9	10	11
εννιά	δέκα	έντεκα
neun	zehn	elf

12

δώδεκα

zwölf

13

δεκατρία

dreizehn

14

δεκατέσσερα

vierzehn

15

δεκαπέντε

fünfzehn

16

δεκαέξι

sechzehn

17

δεκαεφτά

siebzehn

18

δεκαοκτώ

achtzehn

19

δεκαεννέα

neunzehn

20

είκοσι

zwanzig

100

εκατό

hundert

1.000

χίλια

tausend

1.000.000

εκατομμύριο

million

γλώσσες
Sprachen

Αγγλικά

Englisch

Αμερικάνικα Αγγλικά

Amerikanisches Englisch

Μανδαρίνικα Κινέζικα

Chinesisch Mandarin

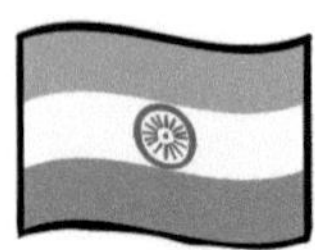

Χίντι

Hindi

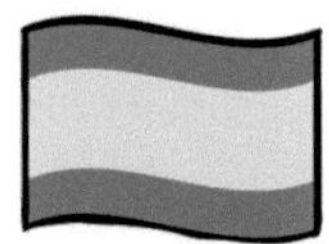

Ισπανικά

Spanisch

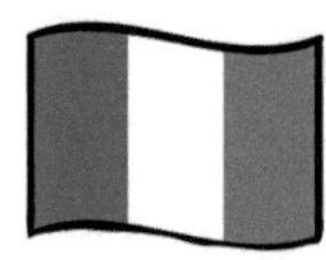

Γαλλικά

Französisch

Αραβικά

Arabisch

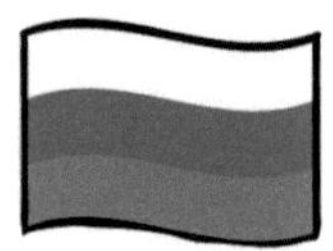

Ρώσικα

Russisch

Πορτογαλικά

Portugiesisch

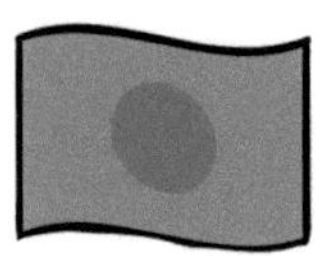

Μπενγκάλι

Bengalisch

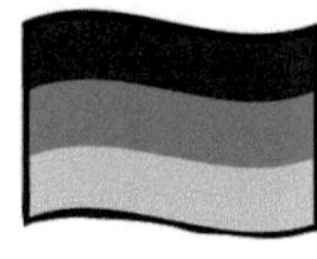

Γερμανικά

Deutsch

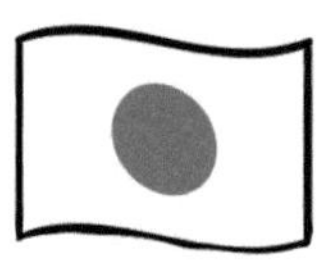

Ιαπωνικά

Japanisch

εγώ

ich

εσύ

du

αυτός / αυτή / αυτό

er / sie / es

εμείς

wir

εσείς

ihr

αυτοί / αυτές / αυτά

sie

ποιος / ποια / ποιο;

wer?

τι;

was?

πώς;

wie?

πού;

wo?

πότε;

wann?

όνομα

Name

ΠΟΥ

WO

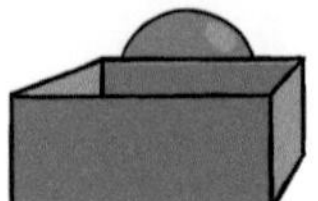

πίσω

hinter

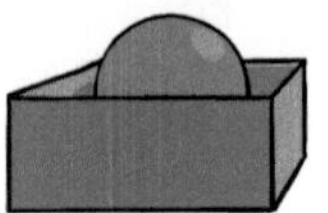

μέσα

in

μπροστά

vor

πάνω από

über

πάνω

auf

κάτω

unter

δίπλα

neben

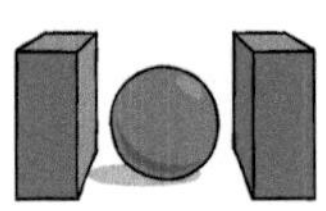

ανάμεσα

zwischen

μέρος

Ort